KB267580

장바니에의 시보다 아름다운 예수전

장 바니에의

시보다 아름다운 예수전

장 바니에 지음 · 이혜주 옮김

나무생각

차려

머리말 ································· 7

1. 배경 ····························· 21

2. 예수 ····························· 55

3. 넘어뜨리고 일으키시는 예수 ············· 141

4. 고통과 초라함 속으로 내려가는 예수 ········· 186

5. 살아나신 예수 ······················ 206

6. 마치는 말 ························· 224

역자 후기 ························· 269

머리말

나는 예수를 따르는 자로서 이 책을 쓴다.
1950년, 모든 것을 버리고 나를 따르라는
예수의 부르심에 응답하려고,
나는 해군을 떠났다.
그 뒤로, 그분과 함께 걷고자 노력하면서 우주의 비밀을,
무엇보다도 하느님의 비밀을 조금씩 배워나갔다.
그분이 살고 사랑하고 말씀하셨듯이
그렇게 살고 사랑하고 말하려고,
그분이 당신을 에워싼 악의 세력과 싸우셨듯이
그렇게 내 속에 있고 내 주변에 있는 악의 세력과 싸우려고,
나름대로−물론 자주 실패했지만−노력하였다.

예수의 간절한 바람[希望]은
사람들을 그들의 가난과 상처와 함께,
그들의 가면과 방어기제를 또한 그 아름다움과 함께,
있는 그대로 사랑하는 데 있다.
그분의 간절한 바람은

우리도 저마다, "큰" 사람이든 "작은" 사람이든, 사람인 까닭에
능히 이룰 수 있고 황홀한 삶으로 채울 수 있는 것이다.
그분의 간절한 바람은 우리를 에고이즘에 묶어놓고
내면의 자유와 성숙으로 가지 못하게 하는 족쇄를
풀어주는 것이다.
우리 모두 안에 깊이 잠재되어 있는 에너지를 해방시켜
우리로 하여금 자비로운 남자와 여자가 되게 하고,
당신을 닮은 평화일꾼이 되게 하여
이 부서진 세상의 아픔과 갈등을 간과하는 대신,
오히려 그 안에 자리 잡고
사랑이 숨쉬는 공동체를 이루어
세상에 희망을 불러오게 하는 것이다.

그렇다, 나는 지금 세상의 젊은이들과 늙은이들에게
그리고 누구보다도 예수를 모르는 사람들,
그분과 그분의 교회를 의심하는 눈으로 보는 사람들에게,
그분의 사랑과 치유능력을 보여주고자 이 책을 쓴다.

여러 해 동안 나는 예수의 추종자로 살아보려고 노력했다.
그만큼 기쁨을 맛보기도 했고 자유로워지기도 했다.
하지만 그것은 힘든 일이기도 했다.
자신의 속물근성과 이중성에 낙심하였고
남을 지배하려는 욕망과

남에게 거절당하고 명예가 더럽혀지고
죄인으로 비난당할 것에 대한
두려움의 깊은 수렁에 스스로 빠져들었고,
내 가슴의 상처 입기 쉬운 나약함과
허무와 분노의 소용돌이에 휘말리기도 했다.
나는 여러 방어기제와 분노와 그 밖의 도피방법으로
상처 입기 쉬운 자신의 나약함을 감싸주려 하였다.
예수의 크신 선(善, Goodness)을 드러내려고 나는 이 책을 쓴다.
그분은 누구에게도 엄격하거나 가혹하지 않고
남을 지배하거나 남에게 당신 뜻을 강요하지도 않으신다.
사람들에게 죄의식을 심어주거나
그들을 심판하려고 거기 계시는 분이 아니다.
그분을 움직이는 것은 당신의 사명감이다.
그분은 강하시고, 그분 안에는
진리의 빛과 깊은 겸손과 어린아이의 천진한 사랑과
세상에 생명을 주려는 소명과 기다림이 있다.
온유한 연인이자 치유자인 예수께서는
충만한 생명으로 우리를 부르시고,
우리 각자에게 빛을 비추고자
교만, 두려움, 봉쇄로 우리를 혼란에 빠뜨리는
세상 안팎의 어둠을 조용히 파고드신다.

이 책은 마태오, 마르코, 루가, 요한이 기록한

네 복음서에 그려진 예수 이야기다.
이 책이 독자들을 예수의 말씀과 행동으로 인도하기를
희망한다.
복음서는 위의 네 기자들에게 영감을 준 성령에 의하여
우리에게 주어진 하느님의 말씀이다.
그들은 직접 목격한 것들을 기록하거나
목격자들의 증언을 기록하였다.
사건들이 있고 나서 얼마쯤 세월이 흐른 뒤에
그들은 이 책을 썼다.
덕분에 우리가 예수의 언행을 좇아 그분을 믿을 수 있게 되었다.
구전(口傳)만으로는 충분치 못했다.
그래서 이야기들을 글로 남기는 것이 중요했다.
복음서 기자들은 저마다 글을 쓴 목적과
대상으로 삼은 독자들이 달라서
자신만의 독특한 방식으로
사실들을 배열하고 해석하고 편집하였다.

겉으로 표출된 예수의 공생애뿐만 아니라
그의 내면생활도 함께 이해하기 위하여
나는 특별히 중요하게 여겨지는 사건들을 위주로
네 복음서를 하나로 통합하여 예수 이야기에 대한
묵상 자료로 삼았다.
네 복음서가 저마다 특별한 독자들에게 메시지를 전하고자

독특한 관점으로 사건들을 간추리고 해석했음을
나는 알고 있다.
그런 네 복음서를 한 이야기로 묶자면
각자의 특성을 제대로 살릴 수 없게 마련이다.
하지만, 그런 단점에도 불구하고, 예수의 생애를,
그가 누구며 왜 세상에 오셨고
부서진 인간들에게 주려는 것이 무엇인지를
통일된 관점에서 바라보는 데 도움이 되는 이점도 있다.

물론 나는 안다, 복음서들이 많은 의문점들을 제기하고 있음을.
– 이 책들이 기록된 정확한 시점은 언제인가?
– 이 책들의 정확한 자료들은 무엇인가?
– 이 책들이 희랍어로 되어 있는데, 예수가 당시 사용한
  언어는 무엇인가? 우리가 지금 읽는 희랍어 본문은
  그 언어의 정확한 번역인가? 아니면 해석인가?
– 예수의 정확한 연대기는?
– 네 복음서들 사이의 명백한 불일치와 모순을
  어떻게 설명할 것인가?

나는 이 질문들에 답하려 하지 않겠다.
그것은 내가 이 책에서 하려는 일이 아니다.
내가 알고 있는 유일한 사실은, 그 질문들이 어떤 것이든 간에,
복음서들 사이에 놀라운 통일성과 수렴성이 있다는 것이다.

예수가 누구였고 어떻게 살았는지, 그의 메시지가 무엇인지를
네 복음서들이 함께 선명히 그려서 보여주고 있다.
그의 출생에서 죽음과 부활에 이르기까지,
하느님을 드러내고
우주적 사랑과 진실, 정의와 평화의 길을 가리키라고
하느님이 세상에 보내신 한 사람을 우리는 복음서들에서 본다.
그는 특별한 능력을 받아 지닌 사람이었다.
거리낌 없이 자유롭고,
권위 있게 말하고,
철저히 겸손하고,
사람들을 사랑하면서 그들을 어리둥절하게 만들고,
가난하고 비천하고 약하고 부서진 인간들에게
복된 소식을 특별한 방식으로 전하기 위하여
세상에 온 사람이었다.

나는 예수를 따르는 자로서,
내가 알고 사랑하는 예수와
나를 사랑하시는 예수를 보여주고자 이 책을 쓴다.
그런즉 이것은 성서학자의 논문도 아니고
박학한 역사가 또는 주석학자의 글도 아니다.
그들 모두 필요하고 중요한 존재지만,
그러나 나에게 주어진 사명은 그게 아니다.
이 책은, 결점과 부족함이 많음에도 불구하고

자기가 받은 것을 세상에 전해주고자 하는
보통사람의 작품이다.
오늘 나는 내게 영감을 주고
내 인생에 거름이 되어준 복음서들을
사십 년 전에 읽던 것과 전혀 다른 방식으로 읽는다.
착실하게, 또는 착실하지 못하게,
부활하신 예수와 함께 살면서 형성되고 변화된
내 머리와 가슴으로,
영혼의 아버지 토머스 필리페 신부와 다른 사람들,
특히 가난하고 약하고 아무것도 없는 사람들과 함께 살면서
형성되고 변화된
내 머리와 가슴으로, 복음서를 읽는다.
나는 또한 잘 기록된 예수의 생애와
그에 대한 주석서들을 먹고 자랐다.
이 책은 예수의 추종자로 살고자 한 나의 성숙과 미숙에 의하여,
나 자신의 삶에 의하여, 잉태된 것이다.

복음서의 언어들에 충실하려고 노력은 했지만,
글을 너무 무겁게 또는 학술적이게 하고 싶지 않아서
정확한 인용은 하지 않았다.
이 책은 교과서(textbook)가 아니라 명상록이다.
복음서를 잘 아는 이들은 이 책의 단어와 구절들이
어디서 온 것인지 쉽게 알 것이다.

복음서를 모르는 이들은 이 책을 통해서
복음서를 사랑하고 읽게 되기를 희망한다.

간혹 복된 소식을 전하는 책의 간결한 스타일을 살리고자,
복음서를 나름대로 해석하기도 했다.
하지만 내가 원하는 모습의 예수가 아니라
있는 그대로의 참 예수를 묘사하고 싶었다.
그래서 나보다 많이 배우고 알고 거룩한 이들을 찾아
그들의 말에 귀를 기울였다.
그리고 예수의 영에 의하여 나의 오류들이 수정되고,
더 밝은 깨달음을 얻게 해달라고 기도하였다.

복음서에 대한 나의 해석들은 분명히
인간존재에 대한 나의 이해에서,
지난 세월 살면서 터득한 인생철학에서,
성숙한 인간이 되는 과정에 맺어지는
모자(母子) 관계의 중요성에 대한
나의 깨달음에서 나온 것들이다.
지난 삼십 년 세월, 나는 여러 장애를 지닌 사람들과 함께
라르슈에서 살았다.
그들은 약하고 무력하지만 놀랍도록 개방적이고
서로를 신뢰한다.
예수는 가난하고 비천한 이들에게

복된 소식을 전하러 오신 분이다.
내가 함께 살고 있는 이들은 누가 뭐래도
가난하고 비천한 사람들이다.
진실로 복음서는 그들을 위한 기쁜 소식이다.
그런 까닭에 그들은 예수에 대하여,
그가 누구며,
그의 메시지가 무엇인지에 대하여,
어떻게 아이처럼 그분에게 마음을 열어드릴 것인지
그 방법에 대하여,
나에게 많은 것을 가르쳐주었다.

그들은 내게 사람의 몸이 지니는 의미와 그 연약함을
특별한 방식으로 보여주었다.
그리하여, 몸소 사람 몸이 되어
상처 입기 쉬운 나약함으로 내려오신
'말씀'의 의미를 가르쳐주었다.
그들과 더불어 나는
진실한 교제(communion)가 어떤 것인지를 경험한다.
그들과 함께 살면서,
맨가슴들이 사랑을 주고받는 교제가 어째서
모든 인간의 기본 경험이며
사랑과 자비를 기르고
사람을 성숙시키는 바탕인지 알게 되었다.

사람 사이의 참된 교제는 하느님이 현존하시는 곳,
은총의 장소로 바뀔 수 있다.
남자와 여자는 입술의 말이 아니라
벗은 알몸으로 사랑을 나눈다.
바로 이 사랑의 몸짓에서 나는 참된 인간의 교제를 발견했고,
예수가 어떻게 단순한 말이 아니라
당신의 몸을 통하여 사람들을 사랑하셨는지, 알게 되었다.

1964년, 토머스 필리페 신부에게 감동을 받아,
지적장애를 지닌 두 남자,
라파엘과 필리페를 삭막한 수용시설에서 데려다가
프랑스 트로슬리-브뢰유의 한 작은 집에서 동거하는 것으로
라르슈는 설립되었다.
그 초라한 공동체를 모태로 하여
같은 꿈과 영감에 기초한 공동체들이 백여 개로 불어났다.
그들 공동체는 숙소들과 필요한 경우 작업장과 학교들로
이루어져 있다.
지적장애를 지닌 이들과, 그들과 함께 살려고 온 사람들이
시골 마을에 있는 작은 집에서 공동생활을 한다.
라르슈에서 우리는 함께 일하고 함께 기도하고
함께 싸우고 함께 용서하고
그리고 함께 잔치를 벌인다.
우리는 서로 돌봐주고, 하나로 결속된 우리의 존재를 자축한다.

죽음에서 다시 살아나시어, 믿음과 사랑으로
오늘 내 중심에 살아 계시고
온 세상 믿는 자들에게 영감을 주시는 예수를 더욱 알게 되면서.
인간에 대한 그리고 나 자신에 대한 이해가 더욱 깊어지면서,
역사, 특히 이천 년 전 역사를 읽으며
복음서를 더 잘 이해하고 사랑하게 되면서
나는 오늘 나에게 살아 계시는 예수와
시간 속에, 역사 속에,
그리고 당신의 삶과 사랑을 목격한 증인들에 의하여 기록된
복음서에 나타난
역사적 예수 사이에서, 아무 다른 점을 발견할 수 없었다.
그분은 한 분이요 같은 분이시다.
우리가 그분을 진정으로 사랑한다면,
오늘 우리 중심에 성령을 통하여 출현하시는 예수와
세월을 거슬러 교회의 역사 안에 출현하신 예수가
똑같이 생생하게 살아 있을 것이다.
두 분이 한 분이요 같은 분으로 살아 계신 예수이기 때문이다.
갈릴래아와 유대 땅에 사셨던 예수는
오늘 우리의 산 모델이시다.
그분은 우리에게 '본'을 보이고자 제자들의 발을 씻는다고
몸소 말씀하셨다.

그분을 추종하는 우리는
그분이 사셨고 사랑하셨듯이 그렇게 살고 그렇게 사랑하라는,
그분의 모든 것을 겉모습이 아니라 속으로 닮으라는,
그분처럼 성령의 영감을 받아 아버지와 친밀한 교제로
하나 되라는, 부름을 받았다.
복음서가 있는 것은 그분이 오늘 우리 안에 그리고 교회 안에
살아 계시다는 믿음으로
우리를 인도하기 위해서만이 아니다.
오늘 이 부서진 세상에서 어떻게 살고 어떻게 행동할 것인지를
우리에게 구체적으로 가르치고자 거기 있는 것이다.
그래서 그분의 사랑을 받은 제자 요한이
자기가 속한 공동체에 보낸 서신에서 이렇게 썼던 것이다.
"자기가 하느님 안에서 산다고 말하는 사람은
그리스도께서 사신 것처럼 살아야 합니다." (1요한 2)

나처럼, 생명을 갈망하고
의미를 찾고
내면의 자유를 추구하는 이들,
예수께서 당신 아버님의 인도와 영감을 받아 걸으셨듯이
그렇게 걷고,
그분이 당신 아버님과 끊임없이 교제하며 사셨듯이
그렇게 살고자 원하는 이들,
평화,

사랑,
진실을 찾아서
예수의 다른 추종자들과 함께
자기한테 주어진 길을 걷는 이들에게 이 책을 바친다.

| 1 |

배경

예수 당시

예수께서 태어나시기 육십 년쯤 전,
로마군이 팔레스타인을 점령하였다.
로마는 교활한 정책에 따라,
본토인들 가운데 제 영달만을 생각하는 자들을 골라서
점령지의 통치자로 세우고,
그들이 황제의 충직한 노예로 남아 있는 동안
여러 특권을 주었다.

그렇게 해서 예수 탄생 사십 년쯤 전에,
사람들이 '대왕' 자를 이름에 붙여준 헤로데가
유대의 왕이 되었다.

사악하고 탐욕스런 인간 헤로데는 로마와 온갖 협상을 맺고
비열한 수단으로 권력을 유지하며
자신의 인기와 행운을 누렸다.
그는 하느님을 믿는 사람이 아니었고,
자기 영광밖에 모르는 독재자로서
자신의 재산과 사회질서를 지키려고 노력하였다.
로마는 그를 이용하여 자기네 이익과 권력을 챙기는 방법을
알고 있었다.

마태오의 복음서에서 우리는, 동방의 현자들에 의하여
이스라엘이 오랜 세월 기다려온 왕이자 목자인
그리스도의 출생이 알려지자,
그를 없애려고 헤로데가 군대를 보내어
베들레헴과 인근 마을의 두 살 아래 아이들을 학살한
끔찍한 이야기를 읽는다. (마태오 2)
인간에 대하여 이보다 무섭고 잔혹한 범죄가 있겠는가?
아이들의 피가 요람을 적시고 베들레헴 거리를 붉게 물들였다.
가녀린 몸들이 칼에 베이고 찔려 도랑을 메울 때,
어머니들은 기가 막혀 몸부림치고
아버지, 형, 누이, 삼촌들은 분노, 적개심, 복수심으로
이를 갈면서도
칼의 힘과 뻔뻔스런 악의 얼굴 앞에서 속수무책인 채
속으로 절망감과 무력감을 삭여야 했다.

천하의 주인 노릇을 하던 로마인들은
문화, 지식, 기술, 과학 그리고 재물을 거머쥔 자기네가
이 땅의 가장 위대한 종족인 줄 알았다.
그리하여, 이상한 옷을 입고 괴상한 종교의식을 치르며
무지몽매하여 하나뿐인 신을 광신하는 유대인들을 경멸하였다.
로마는 두려움과 잔인함으로 그들을 다스렸다.

이교도에 의하여 짓밟힌 유대인들은
로마의 힘에 저항할 아무 대책이 없음을 알고,
분노를 속으로 삭이며 감내하였다.
그중 어떤 자들은 불가능한 상황에서도
유대 법과 종교의전(儀典)들을 살리고
하느님의 부르심에 응하고자
조건들에 타협하고 안전을 도모하였다.

한편으로 어떤 자들은 공공연히 유대교 신앙을 포기하고
로마에 협력하여 돈을 벌었고 갖가지 혜택을 누렸다.
그것은 세리, 관리, 장사치, 창녀, 상인들만의 선택이 아니었다.
헤로데와 그의 군대와 왕실에 가까운 자들이 주로 그 길을 갔다.

그런가 하면 종교의 이름으로,
문화와 인종에 대한 자부심으로
로마에 저항하는 자유의 전사들,

복수의 기회를 노리는 테러리스트들이 있었다.
그들은 하느님의 거룩하신 이름을 모독하는,
사탄의 하수인으로 여겨지는 로마 병사들을 단도로 찔러 죽였다.
그러면서 무장 저항군을 조직하여 훈련할 계획이었다.
뜨거운 열정과 용기로 그들은 폭력과 하느님의 능력을 빌려
이스라엘 왕국을 회복하려는 야망을 품었다.
세상은 그들을 "열심당"이라는 이름으로 불렀다.
예수께서 태어나시기 얼마 전에 실제로
갈릴래아에서 즈카이야의 아들 유다의 지휘 아래
무장봉기가 있었다.
로마의 시리아 총독 바루스는 저항군을 진압하고
그에 대한 보복으로 이천 명을 십자가에 처형하였다.
루가는 자신의 복음서에,
갈릴래아 사람들이 빌라도의 군대에 의하여
성전에서 죽임을 당하여
그 피가 희생제물인 짐승들 피에 섞였다고
기록하였다. (루가 13)
유대인들, 특히 갈릴래아의 유대인들은
로마와 그 잔인한 통치에 대한 증오심이 팽배하여
언제고 폭발할 준비가 되어 있었다.

대사제는 이스라엘의 종교 지도자였다.
많은 사제들이 그를 보필하였다.

그들 곁에는 토라에 능통한 율법학자들, 서기관들이 있었다.
산헤드린은 대사제, 사제, 율법학자, 원로들로 구성된
일종의 의회였다.
정부와 사법부의 최고 의결기구였고
신학 토론의 장(場)이기도 했다.
유대 사회에서 가장 큰 권력을 행사하는 자는 물론 대사제였다.
그러나 그는 로마 점령군에 의하여 조종당하는 신세였다.
로마가 그를 지명하여 자기들 목적에 맞도록 이용했던 것이다.

유대인들 가운데는 일종의 경건주의 그룹인 바리사이가 있었다.
바리사이란 이름에는
"구별된 사람들", "거룩한 사람들"이라는 뜻이 있다.
그들은 대개 평민들과 장인(丈人)들로 구성되었는데,
예수께서 오시기 이삼 세기 전부터 존재하였다.
보통 유대인들이 신앙과 사랑의 부족을 스스로 고백하며
부끄러워하고 있을 때, 그들은 마땅히 변화하여
하느님의 율법으로 철저하게 돌아가야 한다고 주장하였다.
"하느님이 거룩하시듯이 거룩하여라!"
"거룩하다"는 말에는 "다르다"는 뜻이 있다.
그들에게는 하느님의 율법에 충실함이 곧 '거룩함'이었다.
하느님의 법에 대한 복종이 유대인의 정체성을 보장해주었다.
여러 세기 동안 이스라엘은
바빌로니아, 페르시아, 그리스의 지배를 받아왔고

당시에는 로마의 지배 아래 있었다.
이교도인 외국인들이 낯선 생활방식, 제도 따위를 들여왔기에
유대인들은 자기네 정체성을 상실할 위기에 처해 있었다.
그리하여, 율법을 지키는 일,
특히, 안식일에 해야 할 일을 하고
하지 말아야 할 일을 하지 않는 것이
하느님의 선민으로서 이방인의 영향을 물리치고
자기네 정체성을 지키는 것이라고 생각하였던 것이다.

한편, 율법의 내용들을 정해진 틀로 형식화하는 것이
율법학자와 서기관들의 역할이었다.
그들의 토라 사랑에는 숭고하고 각별한 점이 있었다.
그들 가운데는,
성전에서 하느님을 섬기는 사제들 못지않게
믿음이 독실한 사람들도 있었다.
하지만 주님이신 하느님을 기리고 이웃을 사랑하라는
토라의 중심을 망각하고
세세한 법조문을 고지식하게 지키는 것으로
자부심을 느끼는 사람들도 있었다.
역사의 지평에 출현한 다른 많은 종교 그룹들과 마찬가지로
그들은 사랑 안에서 주님을 섬기는 일보다
자기네 정체성을 살리고
정권을 유지하는 데 더욱 열심이었다.

많은 유대인이 자기네 정체성을,
그들의 '성스러움'과 '하느님의 선민임'을
자랑스럽게 생각하였다.
반면에, 우상숭배하는 이교도들은 용납할 수 없었다.
그리하여 이 세상을,
깨끗한 세상과 더러운 세상,
선한 세상과 악한 세상으로 분명하게 갈라놓았다.

다른 한편에는
좀더 보수적인 사제들과
부유한 지주들로 구성된 사두가이파가 있었다.
그들은 오래된 히브리 전통들을 고집하였고,
신앙과 종교의전들의 현대화를 배척하였다.
평소에 사이가 좋지 않은 바리사이들과 달리 그들은
권력과 재산을 지키고자 로마와의 타협도 마다하지 않았다.
물론 그들 가운데 진지하고 정직하고
진정으로 경건한 자들이 있었지만,
외부와의 갈등이나 박해를 두려워하고
안락한 생활을 유지하고자
권력과 재물의 덕을 보려는 자들도 있었다.

당시의 유대인들 가운데는
소수의 부유층, 지주들, 장인들과 상인들이 있었고,

나머지 대다수는 가난하고 비천하게 살았는데,
율법에 관하여 배운 바는 없었지만
경건한 믿음을 지닌 자들도 섞여 있었다.
하루 벌어 하루 사는 일용 노동자들,
부잣집에 고용된 일꾼들, 그들은 맨땅에 살았다.
어느 시대, 어느 곳에서나 그랬듯이,
부유하고 아는 게 많은 자들은 비천한 자들을 업신여겼다.
요한의 복음서에는 바리사이들이 그들을 두고
"율법도 모르는 저주받을 무리"(요한 7)라고
말했다는 기록이 있다.
그런가 하면 그들을 존중하여 '아나뷤(anawim)'으로,
하느님의 가난한 백성으로 본 자들도 있었다.

부유하고 힘 있는 자들은 걸인, 나병환자, 불구자, 장애인들을
그들이 하느님의 벌을 받고 있다고 생각하여 경멸하였다.
하느님으로부터 잘려진 불순하고 더럽고 악한 자들로
보았던 것이다.
그들은 유대인 사회에서 목소리를 낼 수 없었고,
거룩한 성전에는 그들이 설 자리가 없었다.
은혜도 입지 못하고 가치도 없는 그들은
온갖 천대 속에서 살아야 했다.
자연히 그들 가운데 많은 자들이
살아 있는 것 자체에서 죄의식을 느끼고

분노로 치를 떨며 신음하였다.
혹은 정신병으로 도망치고
자기에 대한 절망과 혐오로 몸부림쳤다.
그들은 자신의 이 생과 다음 생에 아무런 희망이 없고
오직 저주만 있을 뿐이라고 생각하였다.

하지만, 예언자들, 특히 이사야의 예언에 충실하여
그들을 자비심으로 돌봐야 할 이웃들로 본 유대인도 있었다.

주 야훼께서 말씀하셨다.
"내가 기뻐하는 단식은 바로 이런 것이다.
억울하게 묶인 이를 끌러주고 멍에를 풀어주는 것,
압제받는 이들을 석방하고 모든 멍에를 부수어버리는 것이다.
네가 먹을 것을 굶주린 이에게 나눠 주는 것,
떠돌며 고생하는 사람을 집에 맞아들이고
헐벗은 사람을 입혀주며
제 골육을 모른 체하지 않는 것이다."(이사야 58)

"죄인"이라는 호칭으로 불리는 유괘인들도 있었다.
그들은 율법을 지킬 수도 없었고 율법을 지키지도 않았다.
로마를 위해 일한다는 이유로 동족한테서
미움과 멸시를 당한 세리들,
색욕에 굶주린 로마 병사들에게 시달리며 살아야 했던

창녀들이 그들이었다.
당시 로마군 진영은 티베리우스 호숫가 막달라에 있었는데,
점령군이 주둔한 모든 곳에서 그랬듯이
거기에도 창녀촌이 있었다.

그러나 대다수 유대인들은 야훼를 믿고
토라를 읽고
시편기도를 바치며 야훼께 희망을 두었다.
아도나이의 가난한 사람들,
'아나뷤'이 그들이었다.
그들은 자주 성전을 출입하며 제물을 바치고
날마다 주님께 기도하는 가운데 메시아의 도래를 갈망하였다.

"이 산 저 산 쳐다본다.
도움이 어디에서 오는가?
하늘과 땅을 만드신 분,
야훼에게서 나의 구원은 오는구나.
네 발이 헛디딜까 야훼, 너를 지키시며
졸지 아니하시리라.
이스라엘을 지키시는 이,
졸지 않고 잠들지도 아니하신다.
야훼는 너의 그늘, 너를 지키시는 이,
야훼께서 네 오른편에 서 계신다.

낮의 해가 너를 해치지 않고
밤의 달이 너를 해치지 못하리라.
야훼께서 너를 모든 재앙에서 지켜주시고
네 목숨을 지키시리라.
떠날 때에도 돌아올 때에도 너를 항상 지켜주시리라.
이제로부터 영원히."(시편 121)

예리고 부근에 에세네라는 이름의 그룹이 있었다.
그들은 다른 사람들과 철저히 분리되어
엄격하고 금욕적인 공동체에서 살았다.
그들은 성전과 다른 모든 종교의전들로부터
의식적으로 떨어져 나왔다.
자기네 그룹에 속하지 않은 사람들을 철저히 배척하고
엄격한 공동체 생활을 하며 하느님 나라가 오기를 열망하였다.
복음서에는 그들에 관한 언급이 없지만,
1946년 예리고 부근에서 발견된 '사해문서'를 통해
그들의 존재가 세상에 알려졌다.

세례자 요한

분노와 절망, 혼란과 갈등이 소용돌이치는 시절에
요한이라는 사람이 모습을 나타냈다.
그는 예언자였다.
그때까지 오랜 세월 이스라엘에 예언자들이 출현하지 않았다.
개중에는 이스라엘이
하느님의 버림을 받았다고 생각한 자들도 있었지만,
대중은 뭔가 일어나리라는 희망과 기대를 버리지 않았다.
세상의 종말이 올 것인가?
한 세대가 끝장날 것인가?
왕국을 회복하기 위하여 "오기로 되어 있는" 메시아가
과연 올 것인가?

요한은 예언자답게
바리사이들의 화려한 옷이 아니라 낙타 가죽을 몸에 걸쳤다.
그리고 예언자답게 메뚜기와 꿀을 먹었다.
요한은 힘과 진실을 담아 하느님의 말씀을 외쳤고,
단순하고 직설적인 말투로 강력한 경고를 토해내었다.
회개하여 삶의 방식을 바꾸지 않으면
불에 삼키는 벌을 받으리라는 것이었다.
세상의 종말인가?

한 세대의 끝장인가?

그는 바리사이와 사두가이파를 향하여 외쳤다.
"독사의 족속들아!"
그러면서 그들에게, 하느님의 엘리트로 자처하지 말고
마음과 삶의 방향을 바꾸라고 경고하였다.

수많은 사람들이 예루살렘과 인근 지역으로부터 몰려와,
하느님께 불성실한 죄와
그동안 저지른 악행을 고백하고
요르단 강에서 요한에게 세례를 받았다.
요한은 그들 모두에게 마음을 바꾸라고 외쳤다.
열심당이 되거나 율법조문을 까다롭게 지키라고는
하지 않았다.
그는 사람들에게 겉모습을 바꾸라고 하지 않았다.
군인이든, 세리든, 직업을 바꿀 필요가 없었다.
다만, 속마음이 달라져야 한다고, 마음을 바꾸라고 말했다.
예언자 이사야의 영감을 받아,
가난한 이들에게 자비를 베풀어 가진 것을 나누라고 하였다.

"속옷 두 벌을 가진 사람은 한 벌을 없는 사람에게 주고
먹을 것이 있는 사람도 이와 같이 남과 나누어 먹어야 한다."
(루가 3)

무엇보다도, 요한은 자기 "뒤에 오실 다른 분"을 말하였다.
그는 예언자 이사야가 말한,
주의 길을 예비하라고 "광야에서 외치는 이의 소리"였다.
(이사야 40)
그분은 자기처럼 물로 세례를 주지 않고
불과 성령으로 세례를 주신다고 했다.
요한은 말하기를,
하느님의 성령이 비둘기 형상으로
그분 위에 내려오실 때까지,
나라 지도자들에게도 알려지지 않았고,
백성에게도 알려지지 않았고,
심지어 자기한테조차도 알려지지 않은,
자기 뒤에 오실 다른 분의
신발 끈을 풀어드릴 자격이 자기한테는 없다고 하였다.

그 '다른 분'이 바로 예수시다.
그분이 요한에게로 오시어
요르단 강물에서 세례를 받겠다며
요한 앞에 겸손히 무릎을 꿇으셨다.
요한은 그분이 하느님의 아들이시요,
오기로 되어 있는 메시아요,
자기가 그 길을 예비한 분임을 알아보았다.
그가 예수에게 세례를 베풀 때

하늘에서 음성이 들려왔다.

"너는 내가 사랑하는 아들, 내 마음에 드는 아들이다."

그 뒤로 요한은 늘 말했다.

"그분은 더욱 커지셔야 하고 나는 작아져야 한다."

즈가리야와 엘리사벳 사이에서,

늙은 엘리사벳의 몸에 기적처럼 잉태된 요한은

예수의 사촌이었다.

그러나 그는 사촌인 예수가

"오시기로 되어 있는" 그분인 줄 몰랐다.

예언자의 역할은 진리 곧 하느님의 말씀을

말재간 부리지 않고 곧이곧대로 선포하는 것이다.

온갖 부정부패, 속임수, 불의, 거짓 그리고

죽음과 악의 세력들 앞에서

생명과 해방의 길을 당당하게 보여주는 것이다.

요한은 마음의 회개를 촉구하며

예수를 가리켜, 저분이 그 길이라고 하였다.

일단 길을 보여준 예언자는 무대어서 사라질 수 있다.

그의 역할이 끝난 것이다.

요한은 예수를 가리키고 나서 사라졌다.

진리 곧 하느님의 말씀을 선포했기 때문에,
당시 갈릴래아를 다스리던 헤로데 대왕의 아들
헤로데 안티파스가 그를 감옥에 가두었다.
아버지 못지않게 잔인하고 탐욕스러웠던 아들은
예언자 요한의 말이 듣고 싶지 않았다.

어느 날, 큰 잔치가 벌어졌을 때 술에 취한 그가,
자기 아내 헤로디아의 딸에게,
"뭐든지 원하는 것을 주겠다"는 약속을 함부로 하였다.
필립보의 아내였다가 시숙인 안티파스와 결혼한 헤로디아는,
그 결혼이 유대 법을 어긴 것이라고 비난한 요한을
몹시 미워하였다.
딸이 무엇을 원하면 좋겠느냐고 물어왔을 때 그녀는,
쟁반에 담은 요한의 목을 원하라고 시켰다.
헤로데는 요한의 목을 잘라서 쟁반에 담아 딸에게 주었고
딸은 그것을 제 어미에게 주었다. (마르코 6)

예언자들이 당대의 부정과 불의를 비판할 때에는
분명한 언사를 사용하지만,
장래의 일을 언급할 때에는 일반적으로 모호하게 말한다.
요한은 드러내면서 동시에 감추는 묵시적 표현법을 사용했다.
그것은 예언자들 특히 이사야의 예언에 뿌리를 내리고
하느님의 성령으로 깨우쳐진 자들만이

알아들을 수 있는 언어였다.
지난날의 예언자들은 하느님이 보내신 사람,
"기름 부음을 받은 사람"이라는 뜻인
메시아 또는 그리스도가 오시어,
하느님 나라와 우주적 평화를 가져다주리라고 예언하였다.

유대인들은 굴욕과 절망 속에 빠져서
"오시기로 되어 있는 그분"을 간절히 기다리고 있었다.
어떤 자들은 강력한 군대의 힘으로 로마를 바다에 쓸어 넣을
열심당의 지도자로 그가 나타나리라 생각하였고,
어떤 자들은 그가 율법에 대한 철저한 복종으로
임무를 다하리라 생각하였다.
그가 어떤 모습으로 어떻게 올는지는 모르지만
다윗의 후손으로 이스라엘의 왕이 되어
나라를 회복하리라는 믿음으로 그를 기다리는 자들도 있었다.

예수를 이해하려면 유대 민족의 역사와,
자기들이 하느님의 선민으로서
인류에 빛과 구원을 가져다주리라는 그들의 믿음을
이해해야 한다.
아브라함은 유대 민족과 모든 믿는 자들의 아버지다.

그는 하느님의 부르심을 받아 고향을 떠났고,
아들 이사악과 손자 야곱이 뒤를 이었다.
모세는 이집트에서 종살이하던 유대인들을 구원하라는
하느님의 명을 받아 일어선 예언자였다.
그는 홍해를 건너 약속된 땅으로 그들을 인도하였다.
모세는 하느님의 율법을 받은 사람이기도 하다.
왕들과 사제들 그리고 예언자들이 주축을 이룬
유대 민족의 역사는
자주 깨어지고 굴욕당하고 살던 땅에서 쫓겨나고
그러면서도 하느님을 등지고
외국의 힘과 재물을 부러워하여 우상을 만들어 섬기고
하느님이 보내신 예언자들을 배척한 역사다.
하지만, 언제나 적은 수의 남은 자들이 있어서
그들이 하느님을 의지하고 섬겼다.
예언자들은 입을 모아
메시아,
기름 부음을 받은 자,
그리스도가 이스라엘 왕국, 하느님의 나라,
평화와 사랑의 나라를 회복할 것이라고 예언하였다.
이사야는 "우리와 함께하시는 하느님"
"임마누엘"의 이름으로 (이사야 7)
한 아이가 태어나 하느님의 권세를 어깨에 메고,
탁월한 경륜가,

용사이신 하느님,

영원한 아버지,

평화의 왕이라 불릴 것이라고 예언하였다.

그가 다윗의 보좌에서 나라를 다스릴 것이다. (이사야 9)

야훼의 영이 그에게 내리면

그가 영원한 평화를 가져올 것이고

거기서 늑대가 새끼 양과 어울리고 표범이 염소와 함께 뒹굴며

새끼 사자가 송아지와 함께 풀을 뜯고

젖 뗀 어린아이가 독사의 굴에 겁 없이

손을 넣을 것이다. (이사야 11)

야훼의 종, 선택받은 자는 고함을 지르지 않아

밖에서 그의 소리가 들리지 않는다. (이사야 42)

마침내 선민의 빛이 만방에 비추면

인류가 그 뒤를 따르게 될 것이고 평화가 온 땅을 덮을 것이다.

(이사야 60)

"일어나 비추어라. 너의 빛이 왔다.

야훼의 영광이 너를 비춘다.

온 땅이 아직 어둠에 덮여

민족들은 암흑에 싸여 있는데

야훼께서 너만은 비추신다.

네 위에서만은 그 영광을 나타내신다.

민족들이 너의 빛을 보고 모여들며

제왕들이 솟아오르는 너의 광채에 끌려오는구나.
머리를 들고 사방을 둘러보아라.
모두 너에게 모여오고 있지 않느냐?"(이사야 60)

좀더 경건한 유대인들 가운데는
메시아가 와서 그 빛을 모든 민족 위에 비추고
그들에게 평화를 가져다줄 것으로 기대하는 자들이 있었다.
그때에 나라마다 칼을 쳐서 보습을 만들고
창을 쳐서 낫을 만들 것이다. (이사야 2)

요한은 성령의 감동을 받아 예수에게 세 가지 이름을 준다.

"세상 죄를 지고 가는 하느님의 어린 양."
"신랑."
"하느님의 아들, 하느님이 뽑아 세운 이."

예언자의 청중에게 이 이름들이 무슨 의미로 다가왔을까?

대부분 목자들과 지주들로 이루어진 유대 민족에게
어린 양은 특별한 의미를 지닌다.
오랜 세월 성전에서 어린 양을 잡아 제물로 바치며

야훼께 복종할 것을 서약해왔기 때문이다.
하지만 어린 양은 그보다 더 깊은 의미를 지닌 존재였다.
유대인을 종살이에서 해방시키라는
야훼의 명령을 받았을 때 모세는 이집트 통치자에게,
야훼께 복종하여 그 백성을 놓아 보내지 않으면
모든 집안의 맏이들이 살해당할 것이라고 경고하였다.
그러면서 동족에게는, 양을 잡아 피를 문설주에 바르라고
그러면 그 피가 맏이들을 지켜줄 것이라고 하였다.
그렇게 하여 유대 집안의 맏이들은 살아남았고
모세가 홍해를 건너 그들을 자유의 땅으로 이끌었던 것이다.
해마다 유대인들은 이 사건을 기념하여 축제를 벌였고
그날을 '과월절'이라는 이름으로 불렀으니,
이는 그날에 양의 피가 묻은 집을 야훼의 천사들이
건너뛰었기 때문이다.
그날이 되면 유대인들은 과월절 양을 잡아먹고
자기들을 선택하여 자유의 땅으로 인도하신 하느님께
찬양을 드렸다.
'하느님의 어린 양'은 희생제물이 되어 사람들에게 먹히는
과월절 양이다.

'하느님의 어린 양'은 또한 예언자 이사야가 말한
고난받는 주의 종(이사야 53)이기도 하다.
그는 도살장으로 끌려가면서 입을 열지 않고,

오히려 그의 상처로 말미암아 모두가 고침을 받는다.

'신랑'도 유대 문화에서 깊은 의미를 지닌다.
유대인들은 혼인을 큰 잔치로 축하했다.
그들에게 가족과 핏줄은 매우 중요한 것이었다.
예언자들은 자주 하느님과 그분이 선택하신 민족 사이의
사랑과 하나 됨을
결혼한 부부의 사랑과 하나 됨에 견주어 표현하였다.
야훼가 신랑이고 이스라엘은 하느님의 사랑을 받는 신부다.
에제키엘, 호세아, 예레미야, 이사야, 모두가
하느님의 선민과 하느님 사이의 신비스런 관계를
사랑하는 신랑과 사랑받는 신부의 관계로 서술하였다.
하느님은 당신 신부를 기뻐하시고
그 아름다움에 화답하시고 사랑으로 관을 씌워주신다.
그녀가 당신을 등지고 창녀처럼 굴어도
용서하며 돌아오라고 부르신다.

"너와 나는 약혼한 사이,
우리 사이는 영원히 변할 수 없다.
나의 약혼 선물은
정의와 공평, 한결같은 사랑과 뜨거운 애정이다.

진실도 나의 약혼 선물이다.
이것을 받고 나 야훼의 마음을 알아다오.”(호세아 2)
신랑과 신부가 서로 애모하여 하나 됨을 노래한
솔로몬의 '아가(雅歌)'는
유대 민족과 기독교 신비주의자들에게
하느님의 사랑을 보여주는 영감에 찬 노래다.
사랑받는 연인이 노래한다.

“나의 귀여운 이여, 어서 일어나오.
나의 어여쁜 이여, 이리 나와요.
자, 겨울은 지나가고
장마는 활짝 걷혔소.
산과 들엔 꽃이 피고
나무는 접붙이는 때
비둘기 꾸르륵 우는 우리 세상이 되었소.”(아가 2)

요한은 메시아 호칭으로 '신랑'을 예수에게 붙여드린다.

“나는 그리스도가 아니라
그분 앞에 사명을 띠고 온 사람이라고 말했는데
너희는 그것을 직접 들은 증인들이다.
신부를 맞을 사람은 신랑이다.
신랑의 친구도 옆에 서 있다가

신랑의 목소리가 들리면 기쁨에 넘친다.
내 마음도 이런 기쁨으로 가득 차 있다.
그분은 더욱 커지셔야 하고 나는 작아져야 한다.”(요한 3)

사랑하는 이 예수,
사랑받는 이 예수,
신랑 예수가 모든 예언을 이루고자 세상에 오신다.
그렇다, 하느님 나라가 가까이 다가와 있다.

요한은 하늘에서 울리는 음성을 들었다.
“너는 내 사랑하는 아들, 내 마음에 드는 아들이다.”(마르코 1)

그래서 그는 예수를 가리켜
‘하느님이 뽑아 세운 이’라고 말할 수 있었다.
맏아들, 특별한 아들 또한 유대 문화에서
중요한 존재였다.
그는 사랑받는 아들이었다.

그리하여, 이사야의 예언이 그대로 이루어진다.

“여기에 나의 종이 있다.

그는 내가 믿어주는 자,
마음에 들어 뽑아 세운 나의 종이다.
그는 나의 영을 받아
뭇 민족에게 바른 인생길을 펴주리라.
그는 소리치거나 고함을 지르지 않아
밖에서 그의 소리가 들리지 않는다.
갈대가 부러졌다 하여 잘라버리지 아니하고
심지가 깜박거린다 하여 등불을 꺼버리지 아니하며,
성실하게 바른 인생길만 펴리라.
그는 기가 꺾여 용기를 잃는 일 없이
끝까지 바른 인생길을 세상에 펴리라.
바닷가에 사는 주민들도 그의 가르침을 기다린다.
……

내가 너의 손을 잡아 지켜주고
너를 세워 인류와 계약을 맺으니
너는 만국의 빛이 되어라.
소경들의 눈을 열어주고
감옥에 묶여 있는 이들을 풀어주고
캄캄한 영창 속에 갇혀 있는 이들을 놓아주어라.
나는 야훼다. 이것이 내 이름이다.
내가 받을 영광을 뉘게 돌리랴?
내가 받을 찬양을 어떤 우상에게 돌리랴?
전에 말한 일들은 이미 이루어졌다.

이제 새로 될 일을 내가 미리 알려준다.
싹도 트기 전에 너희의 귀에 들려준다."(이사야 42)
예수는 그토록 겸손하고
그토록 숨어 있는 존재였다.
그래서 예언자가 나타나,
그의 길을 준비하고,
그가 바로 "오시기로 되어 있는 그분"임을
밝힐 필요가 있었던 것이다.

예수, 그는 어디에서 왔는가?

어린 양,
신랑,
사랑받는 아들,
하느님이 뽑으신 사람, 예수.
그는 누구인가?
어디에서 왔는가?

요한의 말을 듣는 자들에게는
요르단 강에서

그에게 겸손히 무릎 꿇은
그 사람이 누군지, 그게 궁금하였다.
그는 투표권자들 눈치를 살피는 정치인이나
거만한 장군처럼
거리를 활보하지 않았다.
온유한 태도로 겸손하게 걸으면서
낮은 계층 사람들에게 온몸으로 말하였다.
하지만, 신랑의 아름다움과 젊음,
사랑하는 연인의 기쁨,
상처 입은 가슴의 신부를 찾는 진지함이 그에게 있었다.
그는 보냄 받은 자의 확신과 힘을 지녔고,
자기가 하느님의 선택을 받은 자요
하느님의 사랑받는 자임을 스스로 알고 있었다.

우리는 그의 출생에 대하여,
하느님의 능력으로
나자렛 마을 젊은 여인 마리아 몸에 잉태되어
베들레헴에서 태어났다는 사실 말고는 별로 아는 바가 없다.
우아하고 아름다운 마리아는 거룩한 성령으로 충만한 처녀였다.
진실로 하느님을 사랑하고
하느님 말씀과 더불어 말없이 살아온 그녀는
하느님의 선민인 동족의 비참한 현실을 가슴 아파하고,
많은 사람의 불신과 부정(不貞)을 안타깝게 바라보면서,

하느님 나라를 애타게 갈망하였다.
또한 그녀는 하느님의 사랑스런 얼굴과 정의에 목이 말랐다.
그런 그녀에게 하느님은 천사 가브리엘을 보내어,
장차 메시아의 어머니가 되리라는 말을 전하게 하셨던 것이다.
그녀는 자신의 비천한 신분을 알았기에
떨리는 가슴으로 천사의 말을 받아들였다.

"이 몸은 주님의 종입니다.
지금 말씀대로 저에게 이루어지기를 바랍니다." (루가 1)

그리하여 '말씀(the Word)'이
그녀의 그윽한 자궁 안에서 사람 몸으로 되셨다.
그녀의 몸과 마음과 영혼은
하느님의 입맞춤으로
말할 수 없는 황홀경에 빠져들었고,
그렇게 잉태된 아이를 사랑으로 기쁘게 받아들였다.

너무나 크고 높고 놀라우면서
너무나 작고 낮고 겸비(謙卑)한 이 일ㅡ하느님이 사람 몸으로
되신ㅡ이 있은 뒤에
마리아는 사촌 언니 엘리사벳에게로 서둘러 갔다. (루가 1)
그때 엘리사벳은 늙은 나이에 기적처럼 임신한 몸이었다.
마리아가 그녀에게 간 것은

오랜 세월 석녀라는 이유로 업신여김을 당해온
그녀를 위로하고 함께 있기 위해서였다.
(당시 여인의 중심가치는 종족의 번식을 위한 회임에 있었다.)
그런데 지금 그녀가 늙은 몸으로 아이를 잉태한 것이다!
많은 사람이 우스꽝스런 코미디라고 비아냥거렸지만,
마리아는 그녀 곁에 있고자 하였다.

두 임신한 여인이 만났을 때,
그리하여 마리아가 엘리사벳에게 인사를 건넸을 때,
엘리사벳의 태 안에 있던 요한,
뒤에 요르단 강에서 사람들에게 서례를 베푼 요한이
기뻐서 뛰어놀았다.
성령의 영감을 받은 엘리사벳이 큰 소리로 외쳤다.

"모든 여자들 가운데 가장 복되시며
태중의 아드님 또한 복되십니다.
주님의 어머니께서 나를 찾아주시다니 어찌 된 일입니까?
문안의 말씀이 내 귀에 울렸을 때에
내 태중의 아이도 기뻐하며 뛰놀았습니다.
주님께서 약속하신 말씀이 꼭 이루어지리라 믿으셨으니
정녕 복되십니다."(루가 1)

마리아도 자기의 노래,

기쁜 소식의 노래,
하느님의 사랑과 사랑의 하느님을 믿는 모든 이들의 노래,
가난하고 비천한 이들의 노래를 불렀다.

"내 영혼이 주님을 찬양하며
내 구세주 하느님을 생각하는 기쁨에
이 마음 설렙니다.
주께서 여종의 비천한 신세를 돌보셨습니다.
이제부터 온 백성이 나를 복되다 하리니
전능하신 분께서 나에게 큰일을 해주신 덕분입니다.
주님은 거룩하신 분,
주님을 두려워하는 이들에게는
대대로 자비를 베푸십니다.
주님은 전능하신 팔을 펼치시어
마음이 교만한 자들을 흩으셨습니다.
권세 있는 자들을 그 자리에서 내치시고
보잘것없는 이들을 높이셨으며
배고픈 사람은 좋은 것으로 배불리시고
부요한 사람은 빈손으로 돌려보내셨습니다.
주님은 약속하신 자비를 기억하시어
당신의 종 이스라엘을 도우셨습니다.
우리 조상들에게 약속하신 대로
그 자비를 아브라함과 그 후손에게

영원토록 베푸실 것입니다."(루가 1)

마리아는 의롭고 착한 남자 요셉과 정혼한 몸이었다.

누구도 요셉만큼 그녀를 사랑하진 못했다.

하느님께 오로지 바쳐진 그녀 가슴과 영혼의 아름다움이,

그녀 안에 살아 계시는 성령의 뿜어내시는 빛이,

그 눈과 말과 몸을 통하여 환하게 빛났다.

그녀 몸은 온전하고 거룩하였다.

살아 계신 하느님의 성전인 그녀 몸은,

말씀이 그 안에서 몸으로 되셨을 따 더욱 밝게 빛났다.

마리아가 임신했음을 알았을 때

요셉은 그녀의 정절(貞節)을 의심할 순 없었다.

아마도 마리아는 그에게

천사 가브리엘의 메시지를 말해줬을 것이다.

요셉은 마리아에게 일어난 일이

자기가 어찌할 수 없는 하늘의 선물이요 신비임을 알았다.

모든 것이 그가 없는 가운데 이루어졌다.

예수는 그의 아이가 아니었다.

고민 끝에 그가 사랑하는 여인, 자기를 하느님의 빛으로 데려간

그녀와 헤어지기로 마음먹은 이유가 여기 있었으리라.

(마태오 1)

요셉의 멍든 가슴이 고뇌와 번민으로 찢어질 것 같았다.
동시에, 어찌 보면 수치스럽고 괴로운 상황에서
사람 몸으로 되어야 했던 '말씀'의 겸비함 또한
거기 있었다.

그러나 요셉의 꿈에 한 천사가 나타나,
그가 이 신비로운 사건에 한몫을 감당해야 하고,
그러므로 정혼한 마리아와 결혼하여
하느님의 영으로 잉태된 아들에게
"예수"라는 이름을 지어주어야 한다고 일러주었다.
이렇게, 하느님의 사랑을 받는 여인과
지극히 높으신 분의 아드님이 그에게 맡겨진 것이다.
기쁨의 눈물을 흘리면서 그는 마리아에게 달려갔으리라!
그리하여 사랑하는 여인을 안았을 때
그는 태중에 숨어 있는 아이를 함께 안았다.

아이가 태어났을 때 요셉은 그 자리에 있었고
기뻐하는 목자들의 흥분을 지켜보았다.
동방에서 온 현자들이 어린 왕을 경배할 때에도
그 자리에 함께 있었고, (마태오 2)
아이를 성전으로 데려가
거기서 시므온의 예언을 듣기도 하였다. (루가 2)
두려움과 질투에 눈 먼 헤로데가

베들레헴 근교의 아이들을 학살할 때에는
아내와 아들을 데리고 한밤중에 이집트로 피신하였다. (마태오 2)
그리하여 그곳 이집트에서 가난한 난민생활을 하는 동안
어린 아들로부터 "아빠, 아버지"라고 부르는 소리를
들었을 것이다.

대왕이라고 불리던 헤로데가 죽자 요셉 일가는
갈릴래아의 가난하고 천대받는 마을
나자렛에 자리 잡았다. (마태오 2)
그렇게 그들은 가난한 사람들 속에서 가난하게 살았다.

스물여덟 해쯤 예수는
가난하고 힘없고 비천한 사람들 속에서 목수의 아들로 사셨다.
스물여덟 해 동안 어머니 마리아, 요셉과 함께
물질로는 가난하지만
사랑과 신앙으로는 풍요롭게,
로마에 짓눌리지만
하느님 아버지의 꿈을 받으면서,
그리고 온갖 피조물을 겸손하게 즐기면서,
나중에 사람들에게 일러주신
'여덟 가지 복(the beatitudes)'을 몸소 사셨던 것이다.

사람 몸으로 된 '말씀'이신 그분이

어떻게 요셉, 마리아를 모시고
살고
기도하고
일하고
창조하고
하느님을 예배하였는지,
그것은 최후의 혼인잔치에서 밝혀질 때까지
비밀로 남을 것이다.
마리아는 이 모든 것을 마음에 담아두셨다.
어떻게 그분이 성삼위의 하나 됨,
성가정의 하나 됨 안에서 사셨는지,
당신 모친과의 거룩한 교제 안에서 사셨는지,
그것은 신비에 감싸여 있다.
어떻게 그분이 가난한 이들, 힘없는 이들과 함께 살면서
그들과 하나를 이루어 같은 식탁에서 먹고
깊은 교제를 나누셨는지도 마찬가지다.
나자렛에서 보낸 그분의 세월은
가난하고 비천한 약자들의
평범한 가정생활과 자질구레한 일상사를
그분이 얼마나 소중하게 여기시는지 그대로 보여준다.
'말씀'이 사람 몸으로 되시어,
단순하고 가난하게,
하느님의 사랑받는 인간존재로 우리 가운데 사셨다.

복음서들은 마리아 뱃속에,
나자렛에서의 가난하고 비천한 생활 속에,
말없이 숨어 계시는 하느님의 현존과,
예루살렘의 권좌,
헤로데와 빌라도의 궁전이
얼마나 서로 다른지를 잘 대비하여 보여준다.
그리고 어느 날,
그 둘 사이에 다리를 놓고자 예수께서 나서신다.

| 2 |

예수

긍휼의 사람, 예수

요한에게 세례를 받고,
아마도 예리고 부근 어디쯤 되는 광야에서,
사탄의 유혹을 받으며
사십 일 동안 금식기도를 하신 뒤에
예수께서는 고향인 나자렛으로 돌아오셨다.
마을 회당에서 그분이 이사야의 한 구절을 읽으셨다.

"주님의 성령이 나에게 내리셨다.
주께서 나에게 기름을 부으시어 가난한 이들에게
복음을 전하게 하셨다.
주께서 나를 보내시어

묶인 사람들에게는 해방을 알려주그
눈먼 사람들은 보게 하고
억눌린 사람들에게는 자유를 주며
주님의 은총의 해를 선포하게 하셨다."(루가 4, 이사야 61)

그런 다음, 바로 그 자리에서 선언하셨다.

"이 성서의 말씀이 오늘 너희가 들은 이 자리에서 이루어졌다."

이렇게 그분은 당신의 비전, 당신의 프로그램을
세상에 밝히신다.
주님의 영은 그를,
율법학자와 바리사이들,
부자와 지배계층,
권좌에 앉은 유식한 자들이 아니라
낮고 병들고 가난한 사람들,
짓눌리고 아픈 사람들,
자기 목소리를 내지 못하는 사람들,
율법을 지킬 수 없어 스스로 좌절하는 사람들,
예루살렘 성전에서 추방당한 사람들,
하느님한테서도 쫓겨났다고 여겨지는 사람들,
소외당하여 괴로운 사람들,
죄의식의 감옥에 갇혀 있는 사람들에게로 보내셨다.

바야흐로 그분이,
하느님이 가까이 계시니 두려워 말라고,
용서하고 이해하시는 하느님이 사랑하시니 겁내지 말라고,
복된 소식을 그들에게 전할 것이다.
그들은 값진 사람들이다.
그들은 소중한 사람들이다.
바로 이것이 복된 소식[福音]이다.
그들은 하느님의 사랑받는 자들,
하느님이 선택하신 자들이다.
여기 희망이 있다!

예수께서는 들어갈 수 없도록
법으로 금지되어 있는 장소를 찾아다니며
이사야의 예언을 온전히 이루신다.
율법의 눈에는 불결한 자들이
하느님 눈에는 깨끗할 수 있다고 말하며,
죄인들과 세리들을 만나 함께 음식을 먹고
나병환자들을 손으로 만지신다.
병들어 신음하는 이들과 여자들을 가까이하며
그들을 고쳐주신다.

요르단 강에서 세례를 베푼 요한과는 달리 예수께서는
잃어버린 양을 찾는 목자처럼,

불결한 사람들,
거절당한 사람들을 찾아 나서신다.
그리하여,
그들이 참으로 중요한 존재임을 스스로 알도록 일깨워주시니,
많은 사람이 치유되고 새롭게 자기를 발견한다.

복음서는 예수께서 측은지심에 의하여 움직이셨다고 말한다.
'긍휼'의 그리스어인 '스플랑크나(憐憫, compassion)'는
육신의 구성요소(physical component)를 의미한다.
그것은 사람의 창자를 뒤틀리게 하는 깊숙한 감정이다.
하느님을 믿으면서도, 목자 없는 양떼처럼,
배척당하고 버림받고 짓눌리고 가난한 사람들을 볼 때
그분은 창자가 끊어질 듯이 괴로워하신다.
어떤 계층, 종파, 민족에 속해 있든지,
아파하는 사람들을 만나면 그들과 함께 아파하신다.
그분 안에는,
재물과 권력을 움켜잡고 하느님의 대리인 행세를 하는
사제들과 지배자들이
괜한 죄의식과 수치심으로 가득 찬 사람들,
가진 것 없고 병든 사람들,
천한 불구자들,
인생이 망가진 사람들에게 저지르는
노골적인 불의와 위선을 그냥 두고 볼 수 없는 무엇이 있다.

'스플랑크나'에는 분노라는 뜻도 포함된다.
예수는 세상이 비천한 자들을 대하는 방식에 분노하신다.

분열, 증오, 두려움, 분노로 온통 어지러운 이스라엘에서,
가난과 고통과 삶의 질곡에 사로잡혀 있는 자들에게
예수께서 긍휼의 사람,
선의와 친절과 자비의 사람으로 나타나신다.

예수는 관계와 교제의 사람이시다.
사람들을 일대일로 만나시고,
친히 손으로 만져주시고,
그 손을 잡아주시고,
신뢰와 신앙으로 부르시고,
가난과 고통 속에 있는 사람을 사랑하시고,
그들 안에 있는 아름다움을 보여주시고,
그들이 하느님의 사랑받는 존재임을 일깨워주신다.

예수는 사람들한테 배척당하고 쫓겨난 나병환자를 보고
불쌍한 마음에 가슴 아파하신다.
나병환자들은, 더러운 자기가 여기 있으니
가까이 오지 말라는 경고로 작은 종을 계속 울려야 했다.

그 나병환자가 예수께 소리쳤다.

"선생님은 하고자만 하시면
저를 깨끗이 고쳐주실 수 있습니다."(마르코 1)

예수께서는 그도 사람임을 인정하그
환영하는 뜻으로
손을 내밀어 그를 잡으셨다.
그리하여 그의 병을 고치셨지만,
그보다 그의 깨어진 마음과 부서진 자아상(self-image)을
고쳐주셨다.

예수는 회당장 야이로의 간청을 들어
그의 열두 살 된 딸을 살려주셨다.
그의 집으로 갈 때 예수는
베드로, 야고보, 요한을 데리고 가셨다.
그런데 너무 늦어서, 도착했을 때는 소녀가 죽어 있었다.
예수는 아이의 부모와 세 제자들을 데리고 방으로 들어가,

아이의 손을 잡고 "탈리다 쿰" 하고 말씀하셨다.
이 말은 "소녀야, 어서 일어나거라"라는 뜻이다. (마르코 5)

얼마나 온유하고 따스한 정경인가!

소녀와 그 부모에 대한 애틋한 사랑의 표현인가!

그분은 열두 해 동안 하혈로 고생하며
의원들을 찾아다니느라고
가산마저 탕진한 여인을 고쳐주셨다.
그녀가 깊은 믿음으로
지나가는 예수의 옷자락에 손을 대자,
즉시로 병이 나았던 것이다.
예수는 당신 몸에서 기운이 빠져나가는 것을 느끼셨다.
그분이 여인에게 이르셨다.

"여인아, 네 믿음이 너를 살렸다.
병이 완전히 나았으니 안심하고 가거라."(마르코 5)

그분은 "내가 너를 고쳤다"고 말하지 않고
"네 믿음이 너를 고쳤다"고 말씀하셨다.
얼마나 부드러운 겸손함인가!

예수는 (적군이자 이교도인!) 로마 백인대장의 종도
고쳐주셨다.
그분은 당신에 대한 백인대장의 믿음을 보고 감탄하셨다.
"나는 이런 믿음을 이스라엘 사람에게서도 본 일이 없다."
(루가 7)

또한, 악령에 사로잡혀 고생하는
그리스 태생 가나안 여인의 딸도 구해주셨다.
처음엔 예수께서 그 여인의 호소를 들어주지 않으셨던 것 같다.
제자들은 그녀를 쫓아내려고 하였다.
그녀는 말을 듣지 않았다.
예수는 짐짓 그녀의 요구를 들어주지 않으려는 듯이,
당신은 이스라엘의 자녀들을 위해서 왔다고 말씀하셨다.

"나는 길 잃은 양과 같은 이스라엘 백성만을
찾아 돌보라고 해서 왔다.
자녀들이 먹을 빵을 강아지에게 주는 것은 옳지 않다."

그러자 여인이 대꾸하였다.
"주님, 그렇긴 합니다마는 강아지도 주인의 상에서 떨어지는
부스러기는 주워 먹지 않습니까?"(마태오 15)

복음서들은 병 고침을 받은 사람들과
악령한테서 놓여난 사람들에 관한
자세하고 특색 있는 이야기들로 가득 채워져 있다.
그렇게, 병든 사람들과 악령에 사로잡힌 이들이
자기 발로 또는 남의 도움으로 예수께 와서
고침도 받고 그들을 온전하게 해줄 힘도 아울러 받았다.

예수는 참으로 섬세한 감성을 지닌 분이셨다.
그분은 자주 우셨다.
라자로가 죽었을 때 그 누이 마리아와 함께 우셨고,(요한 11)
예루살렘을 내려다보면서,
당신 말씀을 배척하고 평화의 메시지를 듣지 않은
그들을 위하여,
장차 멸망당해 많은 사람이 죽어갈 것을
내다보며 우셨다.(루가 19)

그분은 어려움을 겪는 이들에게 가까이 다가가셨다.
아파하고 절망하는 사람들,
율법의 무게에 짓눌려 신음하는 사람들을 위로하셨다.

"고생하며 무거운 짐을 지고 허덕이는 사람은
다 나에게로 오너라.
내가 편히 쉬게 하리라.
나는 마음이 온유하고 겸손하니
내 멍에를 메고 나에게 배워라.
그러면 너희의 영혼이 안식을 얻을 것이다.
내 멍에는 편하고 내 짐은 가볍다."(마태오 11)

그분은 성전에서 외치셨다.

"목마른 사람은 다 나에게 와서 마셔라."(요한 7)

예수의 피 흘리는 가슴이
고통과 죄의식으로 길 잃은 사람들,
생명과 사랑에 목마른 사람들,
사회에서 소외당한 변두리 사람들에게 활짝 열려 있었다.
그분은 당신을 믿는 자 모두를 고쳐주고
구원하고 해방하려고,
그들에게 안식과 힘을 주어
그들로 하여금 든든히 서서 사랑이 하는 일을 보고 듣고
그대로 따라 하게 하려고 세상에 오셨다.

예수는 누가 우리의 이웃인지를 보여주려고,
예루살렘에서 예리고로 내려가다가
강도를 만나 거의 죽게 된 사람 이야기를 들려주신다.
사제 하나가 지나가다가 그를 보지만 지나쳐 간다.
사제 집단에 속한 레위인 하나도 그렇게 한다.
그때 사마리아 사람 하나가 반쯤 죽은 사람을 보고는
걸음을 멈추고서 그를 품에 안고 돌봐준다.
예수께서 물으신다.

"이 세 사람 중에서 강도를 만난 사람의 이웃이 되어준 사람은
누구였다고 생각하느냐?"(루가 10)

말할 것 없이, 동료 인간의 아픔과 곤경에 마음이 움직여
친절과 자비를 베푼 세 번째 사람이다.
그런데 그가 하필 사마리아 사람인 것이다.
당시 사마리아 사람들은 정통 유대교에 등을 돌렸고
그래서 선민의 나무에서 잘려진 가지들이었다.
유대인들은 그들을 이교도로 취급하여 외면하고 멸시하였다.
그런데 예수는 그들의 고통에,
여인들의 고통에 민감하듯이, 민감하셨다.

유대 사회는 대단한 남성 본위였다.
여인들은 출산이라는 중요한 역할을 담당했지만,
유대 사회와 문화에서는
그들에게 설 자리도 낼 목소리도 없었다.
그들은 열등인간으로 어디서나 따돌림받았다.
간음을 처벌할 때에도
돌에 맞아 죽는 사람은 남자가 아니라 여자들이었다.
앞으로 보게 되겠지만,
예수는 그들의 아픔에 유별나게 민감하셨다.

예수의 자비심은 용서의 자비심이다.
많은 사람이 죄의식과
자기가 쓸모없는 존재라는 생각에 갇혀서
마음과 영혼이 망가져 하느님을 두려워하였고,
하느님과 율법의 대리인 행세를 하는
이른바 순결한 자들에 의하여 멸시당하고 소외당했다.
율법을 지키지 못하는 자들을
저주하고 벌하시는 하느님 아닌 용서하시는 하느님,
참된 사랑과 교제를 그들과 나누고자 하시는 하느님을
보여주고자,
그분은 세상에 오셨다.

누구를 용서하는 것은 그에게 사랑받고 있음을,
살아 있을 가치가 충분한 존재임을 일깨워주는 것이다.
누구를 용서하는 것은
깨어지고 뒤틀린 자아상(self-image)에서,
집요한 죄의식에서, 그를 해방시켜주는 것이다.
용서는 평화의 입맞춤, 약속의 입맞춤으로,
하나 됨을 축하하는 것이다.

용서는 자기 자신의 빈곤함, 비열함,
모자람과 죄를 제대로 아는 것을 뜻한다.
또한 자기를 열어 사랑의 말과 행동을 받아들이는 것이다.

하느님의 용서를 말씀하시는 예수에게
바리사이들과 서기관들은 화가 났고 약이 올랐다.
그들이 보기에는 예수가,
율법이 정한 정결의식을 제대로 지키지 않는 것 같았다.
게다가, 감히 자기를 율법보다 높은 자리에
두는 것처럼 보였다.

어느 날, 그들은 간음하던 여인을 현장에서 붙잡았다.
먹잇감을 노리는 사나운 늑대들처럼,
반나체 여인을 끌어다가 예수 앞에 내어던졌다.
마침 예수는 성전에서 사람들을 가르치고 계셨다.

"선생님, 이 여자가 간음하다가 현장에서 잡혔습니다.
우리의 모세 법에는 이런 죄를 범한 여자는
돌로 쳐 죽이라고 하였는데
선생님 생각은 어떻습니까?"(요한 8)

그들, 율법으로 굳어진 성난 남자들, 무자비한 고집불통들은
예수를 올가미에 가두었다고 생각하였다.

만일 그가 여자를 용서하라고 한다던
모세의 참 제자가 아님을 스스로 인정하는 셈이고,
여자를 돌로 치라고 해도
역시 자신의 가르침을 스스로 뒤집는 셈이다.
"됐다. 꼼짝 없이 얽혔어!"
꽃무늬를 수놓은 비단옷,
검게 무성한 턱수염,
거만한 얼굴,
굳어진 가슴으로 그들은
자기네 권력과 논리의 정당성을 감추면서 드러내고 있다.

예수는 말없이 몸을 굽혀 땅바닥에 뭐라고 쓰신다.
"뭐 하는 거야?"
사람들이 웅성거린다.

예수가 일어나서 천천히 입을 열어 말씀하신다.

"너희 중에 누구든지 죄 없는 사람이
먼저 저 여자를 돌로 쳐라."

성을 내다가 한 대 맞은 들개처럼,
사람들이 당황하며 하나둘 꽁무니를 뺀다.

예수께서 여인을 바라보시자,
그녀의 수치심과 죽음에 대한 공포가 놀라움으로 바뀐다.
이분이 누구신가?
예언자?
그분이 사랑 어린 눈으로 여자를 부드럽게 내려다보시며
말씀하신다.

"그들은 다 어디 있느냐?
너의 죄를 묻던 사람은 아무도 없느냐?"

그녀가 대답한다. "없습니다."

"아무도 없습니다. 주님."

예수의 자비와 용서가 죽을 뻔한 여인에게
새 생명을 안겨준다.
이제까지 묶여 있던 죄의 사슬에서 풀려난 그녀는
사랑 안에서 변화된 자유의 몸으로 그 자리를 떠난다.

예수는 아버지에게 유산을 달라고 한 작은아들 이야기를
들려주신다. (루가 15)

아버지는 말없이 아들에게 유산을 굴려주고,
아들은 그것을 가지고 멀리 가서 흥청망청 다 써버린다.
마침 그 땅에 기근이 들자 무일푼이 된 작은아들은
먹고살기 위하여 돼지 치는 집 일꾼이 된다.
너무나 배가 고파 돼지 밥통을 뒤지던 그는
문득 아버지 집이 떠오르면서
아들이 아니라 하인 신분으로 아버지에게 돌아가
용서를 빌어야겠다는 생각이 든다.
헝클어진 머리에 지치고 굶주린 몸을 넝마로 가리고
그가 집으로 돌아온다.
아직 집에서 먼 거리인데도 아버지는 그를 보고
불쌍한 마음에 달려가서 두 팔로 목을 안고 입을 맞춘다.
그렇다, 아버지는 아들이 돌아오기를 기다리고 있다가
멀리 아들 모습이 보이자 달려가 뜨겁게 환영한 것이다.
아들은 어리둥절하여 눈물만 흘린다.
자기가 어떻게 이런 사랑을 받을 수 있는 건지,
좀처럼 이해가 되지 않는다.
아버지는 하인들을 불러 명을 내린다.

"어서 제일 좋은 옷을 꺼내어 입히고 가락지를 끼우고
신을 신겨주어라.
그리고 살진 송아지를 끌어다가 잡아라. 먹고 즐기자!
죽었던 내 아들이 다시 살아 왔다.

잃었던 아들을 다시 찾았다.”

이야기를 듣고서, 방탕한 삶으로 재물을 낭비하던
남자와 여자들은
하느님이 유산으로 주신 기운과 재물을
함부로 아무렇게나 쓴 것을 깨닫고
죄의식을 느끼며 눈물을 흘린다.
그리고 그들은 알게 된다.
예수가 세상에 오신 것은 이른바 의인들을 위해서가 아니라
죄인들을 위해서,
상처 입은 남자와 여자들을 위해서라는 사실을.
그들 안에 희망이 되살아난다.
자기들이 하느님한테서 잘리지 않았음을 알게 된 것이다.
그들이 돌아오기를 기다리다가
돌아오는 모습을 멀리서 보고 달려가
끌어안고 입 맞추는 아버지가 거기 계신 것이다.

예수는 이야기를 계속하신다.
밭에서 일을 마치고 돌아오던 큰아들이
집 안에서 나는 음악소리를 듣고 의아하게 생각한다.
“이게 무슨 소리지?”
하인들이 나와서, 작은아들이 돌아온 것과
아버지가 그를 어떻게 받아들였는지 이야기해준다.

큰아들은 화가 나서 아버지에게 달려가 따진다.

"아버지, 저는 이렇게 여러 해 동안 아버지를 위해서
종이나 다름없이 일을 하며
아버지의 명령을 어긴 일이 한 번도 없었습니다.
그런데도 저에게는 친구들과 즐기라고 염소 새끼 한 마리
주지 않으시더니
창녀들한테 빠져서 아버지의 재산을 다 날려버린
동생이 돌아오니까
그 아이를 위해서는 살진 송아지까지 잡아주시다니요!"

큰아들은 윤리도덕에 어긋남 없이 법을 준수하며
잘 살았을 것이다.
그러나 그에게는 자비와 용서의 가슴이 없었다.

오랜 세월을 거치면서 세상에는
엄격하고 순진하지만 가슴이 굳은 큰아들들과
나약하고 여리지만 용서를 아는
부드러운 가슴의 작은아들들이 언제나 있어왔다.
예수는 당신의 생애와 가르침을 통하여
죄의 깊은 의미를 새롭게 드러내신다.
그것은 단순히 법조문을 어기는 것이 아니라
욕정과 교만 때문에 법을 등지거나 복종하지 않는 것이다.

예수가 말하는 죄는 사랑의 관계를 파손하는 것,
계약을 파손하고 신뢰를 파손하는 것이다.
하느님과 사랑을 향해 "아니"라고 말하는 것,
길이신 예수에게 등을 돌리고 이렇게 말하는 것이다.
"나는 당신의 약속과 당신의 사랑과 당신을 원하지 않는다.
내 길을 걸으며 내 뜻대로 내 일을 하겠다."
죄는 사랑과 사귐을 거역하는 것이다.
하느님 자리에 자기를 앉히고,
진리에 굴복하지 않고,
진실을 부인하고,
거짓을 살아가는 것이다.
죄는 생명을 파괴하고,
죽음을 추구하고,
사람들 안에 있는 하느님의 성전을 부수고,
약자와 가난한 자를 짓밟고,
그들의 신음을 틀어막고,
그들의 깊은 상처에 재를 뿌리고,
자기에게 주어진 하늘의 선물을 거절하고,
사랑받을 수 있는 자신의 능력을 믿지 않는 것이다.

아버지의 용서하는 품이
작은아들을 사랑으로 껴안는 이유가 여기 있다.
간음하다 잡힌 여인에게

"가서 다시는 죄 짓지 말라"고 하셨듯이,
예수는 그에게도 말씀하신다.
"가라, 그리고 다시는 나를 떠나지 마라.
내가 하는 말을 믿어라.
네가 내 안에, 내가 네 안에 있으면,
그렇게 우리가 함께 있으면,
너도 남에게 생명을 줄 수 있고 그를 사랑할 수 있다."
우리를 봉쇄하여 죽음에 가두는
어둠과 두려움의 무서운 세력들로부터
우리를 해방시키고자 예수께서 세상에 오셨다.

어머니들이 아이를 품에 안고 예수께 다가와
축복을 간청했을 때 제자들이 막아서서
"성가신" 여인들을 쫓아버리려 했다.
자기네 선생에게는 해야 할 더 중요한 일들이 있고,
게다가 그분이 고단하시리라고 생각했던 것이다.
이에 예수는 화를 내며 말씀하신다.

"어린이들이 나에게 오는 것을 막지 말고 그대로 두어라.
하느님의 나라는 이런 어린이와 같은 사람들의 것이다."
(마르코 10)

예수의 가슴은 사랑의 선물인 친교에,
인간관계와 하느님의 현존에 목마르시다.
사랑과 신뢰 안에 거하고
사람들 가슴 안에 거하는 것이
그분의 유일한 욕심이다.
힘 있고 권력을 행사하는 남자들이
힘없는 아이와 여인들에게 "아니"라고 말할 때,
그분은 가슴이 아프시다.

권력과 재물의 허망함을 깨닫고
현란한 오락의 덧없음을 등지고
당신과 깊은 친교를 나누려는 사람들을 만날 때
그토록 기뻐하시는 까닭이 여기에 있다.
사랑의 품에 안기고 싶은 어린이들을 만날 때,
자기를 알아달라고,
자기와 사귀자고 호소하는
가난하고 나약한 사람들을 만날 때
예수, 그분은 크게 기뻐하신다.

몇 가지 신비스런 방식으로 예수는
가난하고 상처 입은 자들의 울음을 달래주신다.
그의 가슴에 묻혀 있는 사랑을 그들의 울음이 일깨운 것이다.
사랑하고 싶어서 안달이 난 듯한 예수를

제자들은 도무지 이해할 수가 없다.
여전히 자신들의 계획과 권력, 메시아의 꿈을 성취하는 데
그 몸과 마음이 사로잡혀 있기 때문이다.

예수의 마음은 외로운 사람, 거절당한 사람들에게 쏠려 있다.
당신이 바로 거절당한 사람이기 때문이다.
누구보다도 그분은 거절당한 자의 아픔을 이해하신다.
당신 가슴이 부서졌기 때문에
사람들의 부서진 가슴을 너무도 잘 이해하신다.
그들의 아픔은 그분의 아픔이고,
그들의 외로움은 그분의 외로움이고,
그들의 울음은 그분의 울음이다.
가난한 자들, 외로운 자들, 부서진 자들에게
그분의 마음이 끌리는 것은 하나도 이상한 일이 아니다.

예수는 여기저기 치료를 나눠 주는
넉넉하고 부유한 자선사업가가 아니다.
다만 자기 안에 잠재되어 있는 사랑과 친절을 쏟아내려고,
당신 아버지의 사랑을 보여주기 위해서
자신을 내어주려고 몸부림치는 연인(lover)이다.
어느 날, 성전에서 그는 외치셨다.

"목마른 사람은 다 나에게 와서 마셔라.

나를 믿는 사람은 성서의 말씀대로
그 속에서 샘솟는 물이 강물처럼 흘러나올 것이다.”(요한 7)

그는 사랑을 주려고 몸부림치고,
그의 몸과 마음은
사랑을 달라고 몸부림치는 자들에게 쏠려 있다.

거짓, 위선 그리고 악에 맞서는 예수

예수 가슴속의 연민(compassion)은
빛과 진리가 없는 온순함이나 나약함이 아니다.
그의 연민은 진정한 사랑과 거대한 힘을 의미한다.
왜냐하면 예수의 연민은
약자를 괴롭히고 사람들을 멸시하고
그들이 사랑 안에서 존중받으며 성장하는 것을 방해하는
온갖 악과 거짓과 위선과 편견의 세력에 맞서는
거친 투쟁이기도 하기 때문이다.
편견에 치우쳐 있고
두려움에 사로잡혀 있고
거짓의 지배를 받는

제도나 체제에 맞서는 것은 매우 위험한 일이다.

예수는 갈등구조로부터 도망치지 않고
오히려 그 안으로 들어가신다.
그리하여 권력자들과 위선자들에 맞서고,
그로써 상처를 입게 되어도,
타협하지 않고 당당하게
하느님의 진실을 선언할 준비가 되어 있으시다.
그 때문에 세상은 그분을 따돌리고 비난하고 미워한다.
지도자들은 그를 죽이려고 했다.
뒤에 알게 되겠지만,
그분은 여러 사람을 당황하게 만드셨다.
당신 나라에 오셨지만 백성들은 그분을 받아들이지 않았다.
사람들은 변화되어 새로운 사랑으로 살기보다는
억압과 두려움과 죽음의 세상에서
방어기제와 장벽들 뒤에 숨어
서로 다투면서 사는 쪽으로 더욱 잘 준비되어 있는 듯하다.
끝없는 경쟁과 다툼 속에서 힘과 명예를 얻고자
남들과 싸우며 자기를 과시하는 것이 더 편한 듯하다.
모든 사람, 모든 집단 안에
어둠과 번뇌의 힘 있는 세상이 있고,

새로운 사랑으로 자기를 열지 못하게 하는
죽음에 대한 두려움과
죽음에 대한 이끌림이 함께 있는 것 같다.
이것이 바로 우리 피부에 스며들어 있는 원죄요 근본적인 죄다.
온유하고 따스한 연민과 사랑이
오해받고 거절당하는 이유가 여기 있다.
사람들은 예수를 원하지 않는다.
어둠에서 해방되기를 바라지 않는다.
사랑의 왕국을 원하지 않는다.

그분의 첫 번째 싸움은 악한 영, 사탄과의 싸움이다.
사탄은 그분을 광야에서,
명성을 얻고 맡겨진 임무를 쉽게 이룰 수 있도록 해주겠다는
강력한 방법으로 유혹한다.
하지만 그에 대한 예수의 응답은 단순 명쾌하다.

"사탄아, 물러가라!
성서에 '주님이신 너희 하느님을 경배하고
그분만을 섬겨라'라고 하시지 않았느냐?"(마태오 4)

예수는 사랑하는 아버지의 말씀에만 귀를 기울이신다.
그리고 하느님이 일러주시는 방법으로만 일하신다.
약하게, 작게, 열린 자세로, 여리게 하는 것이다.

예수는 권력, 특히 정치권력을 추구하지 않으신다.
그분은 체제 안으로 들어가
안에서부터 체제를 개혁하려고 싸우지 않으신다.
당신의 길이 사람들과의 사귐에 있고, 그것이
각 사람에게 자기를 열어주는 것을 의미한다는 사실을
그분은 받아들이신다. 하지만 그것은
쉽게 얻어맞아 깨어질 수도 있음을 의미한다.

세례를 받으신 다음,
거룩한 도시 예루살렘으로 첫 번째 순례를 가셨을 때
그분은 돈 바꾸는 자들과 짐승들을 사고파는 자들로 인해
하느님의 성전이 더럽혀져 있는 것을 보시고
맹렬하게 화를 내셨다. (요한 2)
노끈으로 채찍을 만들어 짐승들을 내쫓으시고,
환전상들의 상을 둘러엎고,
동전들을 사방에 흩뿌려 큰 소동을 일으키며 외치셨다.
"이것들을 거두어 가라. 다시는 내 아버지의 집을
장사하는 집으로 만들지 마라."
모독당하는 아버지에 대한 사랑과 열정으로
그의 가슴은 불타올랐다.

예수는 체제에 계속 도전하셨다.
법보다 사람이 중요함을,

사람을 위해서 법이 있는 것임을,
사람들을 위해서
그들을 치료하고 사랑으로 성숙하게 하기 위해서
하느님이 거기 계심을,
안식일에 병을 고쳐주는 행위로써 보여주어
지도자들의 분노를 사셨다.
그분은 권력에, 힘없는 사람들을 짓누르는 종교 세력에
도전하셨다.
이 보잘것없는 사람들 가운데 누구 하나라도
죄짓게 하는 사람은 그 목에 연자 맷돌을 달고
바다에 던져져 죽는 편이 낫다고 하셨다. (루가 17)
부자가 재물을 가난한 이웃과 나누지 않으면
죽어서 천당에 못 가고 지옥으로 떨어진다고도 하셨다.
그분은 부자들에 마주 서서,
고통과 번민이 그들을 덮치리라고 말씀하신다.

예수는 권위 있게 진리를 선언하신다.
묻혀 있는 진실을 그분은 용납하지 않으신다.
타협을 용납할 수 없고
당신 아버지에 대한 거짓말을 용납할 수 없으시다.
권력을 잡으려는 욕망에 사로잡혀 있고
편견과 선입견으로 굳어져 있는
유대교 지도층과 격렬한 논쟁을 벌이신다.

"너희는 악마의 자식들이다.
그래서 너희는 그 아비의 욕망대로 하려고 한다.
그는 처음부터 살인자였고 진리 쪽에 서본 적이 없다.
그에게는 진리가 없기 때문이다.
그는 거짓말을 할 때마다 제 본성을 드러낸다.
그는 정녕 거짓말쟁이이며 거짓말의 아비이기 때문이다.
그러나 나는 진리를 말한다.
너희가 나를 믿지 않는 이유가 바로 여기 있다."(요한 8)

그분은, 사람이 만든 법으로
하늘나라에 들어가는 문을 닫고 있다고
그들을 책망하신다.

"율법학자들과 바리사이파 사람들아,
너희 같은 위선자들은 화를 입을 것이다.
너희는 하늘나라의 문을 닫아놓고는
사람들을 가로막아 서서
자기도 들어가지 않으면서
들어가려는 사람마저 못 들어가게 한다."(마태오 23)

많은 바리사이파 사람들과 율법학자들을 향해
그분은 뚜렷한 분노를 드러내신다.

"율법학자들과 바리사이파 사람들아,
너희 같은 위선자들은 화를 입을 것이다.
너희는 겉은 그럴싸해 보이지만
그 속에는 죽은 사람의 뼈와
썩은 것이 가득 차 있는 회칠한 무덤 같다.
이와 같이 너희도 겉으로는 옳은 사람처럼 보이지만
속은 위선과 불법으로 가득 차 있다."(마태오 23)

그렇다, 예수는 진실을 왜곡하고,
자기네 권력과 영광을 위해서
하느님의 것들을 사용하는 자들에게 분노하신다.

예수는 당신을 공개적으로 반대하는 자들뿐만 아니라
"선한 뜻"을 품고서 당신을 지지하는 자들에게도 화를 내신다.
당신이 대사제와 율법학자들 손에 넘어가
죽게 되리라고 말씀하실 때,
베드로가 나서서 반발하였다.
"주님, 안 됩니다. 결코 그런 일이 있어서는 안 됩니다."
이 말에는
"과장하지 마십시오. 어쨌든 내가 당신을 도울 것이오"라는
뜻이 들어 있다.
베드로는 지금 예수의 말을 그냥 들어줄 수 없다.
그분의 죽음 자체를 용납할 수가 없고,

그래서 그의 말에 물을 타고 싶은 것이다.

이에 예수는 격렬한 어조로 강하게 대꾸하신다.
"사탄아, 물러가라. 너는 나에게 장애물이다.
너는 하느님의 일을 생각하지 않고
사람의 일만을 생각하는구나!"(마태오 16)

예수는 약자와 어린이들을 가까이하고
그들을 사랑하며
그들을 불쌍히 여기는
당신의 진심을 알아주지 못하는 제자들에게,
당신 사랑의 절실한 메시지를 받아들이지 않고
오히려 하느님의 사랑과 사랑의 하느님을
어리석다 여기는 제자들에게 슬픔을 느끼면서 분노하신다.

아픔에 자기를 방어하지 않는 예수

예수가 어떻게 사셨고 어떻게 행동하셨는지를 이해하려면,
그분의 연민과 분노를 이해하려면,
그분 가슴에 아무 울타리가 없었다는 사실을 알아야 한다.

우리처럼, 참된 긍휼을 베풀 수 없게 가로막는 울타리,
사랑의 흐름을 차단하는 울타리,
자기와 하느님, 자기와 현실 사이를 갈라놓는 울타리,
자기를 아픔에서 방어해주는 울타리가 그분한테는 없었다.

사회와 가정에서 따돌려지고 버림받아
스스로 쓸모없는 무가치한 존재라고
생각하는 이들과 함께 살면서
나는 우리 모두가 얼마나 자기를
고뇌와 외로움, 죄의식,
자기가 무력하고 보잘것없는 존재라는 생각으로부터
열심히 자기를 보호하고 있는지 알게 되었다.
우리 모두, 일을 하고
계획을 세우고
오락시설을 찾아
자기 내면의 허전함을 채우려는 노력을 통해
우리 안에 있는 아이의 아픔에서 멀리 도망을 친다.
우리는 잊으려고 애를 쓴다.
자기가 최고임을 증명하려고,
자기가 유식한 엘리트임을 보여주려고
또는 자기가 나쁜 자들의 희생물임을 입증하려고 노력한다.
우리는 탈을 쓰고서 자기 아닌 어떤 자로 행세하며
칭찬과 명예를 찾아 두리번거린다.

아니면, 깊은 절망에 빠져 심할 경우 자살을 기도한다.

우리 모두 아이였을 때 이런저런 상처를 입는다.
자기가 부모에게 원치 않는 아이인 것을 감각으로 느끼던 날,
부모의 계획을 어긋나게 하거나
그들의 희망을 망가뜨린 자신한테 화가 나던 날,
그날 우리는 처음으로 고통을 경험한다.
부모들이 방해받고 싶지 않을 때
그들을 성가시게 하는 짓을 하면서
우리는 울어댔고 그들을 힘들게 했다.
그때 우리는 너무 어리고 나약하여
상처 입기 쉬운 몸이었으므로
조건 없는 사랑과 이해가 필요했다.
우리는 그때 입은 손상(損傷)이
우리의 울음을 견딜 수 없던 부모의
피로, 허전함, 내적 고통, 상처들로 말미암은 것이었고
따라서 우리의 '허물'이 아님을 알지 못했다.

그리하여 우리는 꿈, 계획, 망상들 속으로 도망쳐야 했다.
어린이들이 상처를 입으면 자기를 닫아버리고
표출되지 않은 분노, 저항, 슬픔 뒤에 숨어
의기소침해지거나 아니면 공상의 세계로 도피한다.
이때 입는 손상은

진실한 교제를 갈망하는 여린 가슴을 단도에 찔린 것과도 같다.
그것은 무서운 고독, 내적 고통, 죄의식, 수치심, 분노를
자아낸다.
아이들은 자기가 부모를 실망시키고
그들에게 상처를 입힌다고 생각한다.
어느 아이도 이 내적 고통을 이해하거나 견딜 수 없다.
살아남기 위해서 절대적으로 의존해야 하는 자기 부모를
비판하거나 비난할 수 있는 아이란 없는 것이다.
그리하여 그들은 분노를 뒤로 감추고 자기 자신을 탓한다.
그러면서 스스로를 착하지도 않고 사랑스럽지도 않은,
아무 데도 쓸모가 없는 존재로 아는 것이다.

사람들은 이 모든 내적 고통으로부터,
현실, 특히 자기를 아프게 하는 사람들의 현실로부터,
자신을 차단하는 법을 배운다.
우리 모두 그렇게 사람을 사랑하고
사람들과 관계 맺는 능력에 손상을 입는다.
결국, 남들을 이해하고
그들이 마음의 평화를 누리며 성숙하기를 바라기는커녕
오히려 쉽게 그들을 심판하거나 정죄하게 된다.
우리는 그들을 두려워하여 될수록 멀리 밀어낸다.
그러면서 서로 상처를 주고받는다.
우리는 남들을 지배하거나 이용하려 하고

아니면 그들에게서 멀리 달아나 숨으려 한다.

어린아이였을 때부터 우리는
속 깊은 곳 망각의 세계에 이 아픔을 감추고
그 둘레를 단단한 장벽으로 에워싼다.
바로 이 어린 시절의 아프고 혼란스러운 경험들의
잊혀진 세계에서
사랑과 교제에 대한 목마름이 상처를 입고,
그로 말미암아 인간관계들이 위태로워지는 것이다.

그래서 우리는 현실이 아닌,
성공과 칭찬을 가져다줄
꿈, 이념, 망상, 논리, 사업계획들 속에서 살려고 한다.
우리 마음을 둘러싼 장벽들은
우리를 아픔에서 지켜줄 만큼 깊고 강하다.
우리는 과거에서
미래에서
또는 꿈속에서 살아간다.
그리하여 가슴과 머리가 차츰 현실의 '지금(now)'에서,
자기 육신과 감정에서 떨어져 나오는 것이다.
우리는 자기를 모든 것의 중심에 둔다.
다른 사람들에 의하여,
새들의 노래 또는

아이들 가슴에서 솟아나는 사랑의 하소연을
먹고 자라는 게 아니라,
자기만의 특성과 가치를 끝없이 추구하는 데 목마른
자기를 먹고 자란다.
아니면, 좌절과 반항의 뱀 굴에 빠지거나
'내일' 또는 '어제'의 함정에 떨어져
지난날의 상처들을 부여잡고 몸부림치는 것이다.

그렇다고 해서 거기에 윤리나 도덕,
선하고 악한 행위들이 없다는 말은 아니다.
우리는 선과 생명을 사랑하는 쪽으로 선택할 수 있다.
하지만 영광과 칭찬을 얻으려 하고
자신의 선과 가치를 증명해 보이려고 애쓰는 동안,
우리 안에 있는 상처들이
우리의 모든 동기들을 오염시킨다.
우리 모두, 안으로 깊게 치유되어야 하는 존재들이다.

사람 몸으로 된 '말씀'이신 예수는 어떻게
당신의 몸과
사람들과
현실과 더불어 교제하셨는가?

사람 몸으로 된 '말씀'이신 예수의 내적 삶을

이해하는 것이 중요하다.

예수의 어머니 마리아는 은총으로,
하느님의 거룩하신 영으로,
충만한 분이셨다.
보통 어머니들처럼 허전한 마음에서,
자기 아픔과 서러움을 달래려고
아이를 움켜잡고
아이의 자유를 통제하고 지배하려 하지 않았다.
마리아는 충만한 마음에서,
당신 아들을 사랑하셨고,
그 사랑 안에서 당신을,
당신의 전부를 아들에게 주셨다.
예수는 은총을 받아 잉태되던
바로 그 순간부터 하느님으로 충만하였다.
그분의 육신은 하느님의 신성으로 물들여졌다.
그러기에 예수 안에는 장벽들이 없었다.
자신을 고통에서 지켜주는 방어기제도,
감추어지거나 잊혀진 내면세계도,
맹점이나 그늘진 구석도, 그분한테는 없었다.
그 무엇도 당신 생명의 근원,
신성한 교제가 이루어지는 존재의 중심으로부터 나오는
말과 행동과 삶에서 그분을 가로막지 못했다.

그분께는 현실 또는 사람들로부터 도망쳐 나와
성공과 세상의 칭송을 얻으려고
분노, 꿈, 이념으로 들어갈 필요가 없었다.
그분은 사람을 두려워하지 않으셨고
내일이나 어제로 도피하지도 않으셨다.
오늘의 '지금',
현실의 '지금',
사람들의 '지금',
사랑의 '지금'에 온전히 현존하며
모든 상황 안에서
만나는 모든 사람들과 더불어 그렇게 사셨다.
그분은 사람들을 지배하는
두려움, 어둠, 동기들을 제대로 이해하셨다.
두려움이나 죄에 갇힌 분이 아니었기 때문이다.

그분은 사람들을 사랑하고
그들과 교제하고
그들을 성숙시키기 위해서
언제 무엇을 어떻게 할 것인지, 잘 아셨다.
하지만 인류 역사의 모든 성인들과 달리
그분은 당신을 온전히 버리셨다.
아버지 손에 자기를 내어맡긴 어린아이처럼,
자기와 자기 계획을 이루려 하지 않고,

추상적인 율법이나 이론에 지배당하지도 않으셨다.
다만, 삶의 지금과 여기에서 침묵으로 들리는
아버지 음성에 귀를 기울일 따름이었다.
예수에게 하느님은
사회의 움직임 속에 부재하지 않고,
그것들 안에 그것들을 관통하여 현존하신다.
예수는 당신 가슴이 하는 말을 들으면서,
때로는 놀랍게 때로는 슬프게,
사람들과 사건들이 내는 소리를 들으면서,
당신 아버지 음성에 귀를 기울이셨다.
끊임없이 이어지는 감사와 새로운 발견 속에서,
놀람과 신뢰 안에서,
그분의 의식은 삶의 순간들에 항상 깨어 있었다.
그분이 언제나 어린아이처럼 움직이신 것은,
그 사랑에 막힘이 없고,
내면에 분열이 없고,
자기를 증명할 필요가 따로 없기 때문이었다.
바로 이 현실과의 거리낌 없는 교제 안에서
예수는 당신 아버님을 사랑하셨고
그분과 하나 되어 사셨으며
그분을 신뢰하고 흠모하셨다.
바로 이 사랑의 교제 안에서,
신성과 인성이 그분한테서 융합되었고

영원한 사랑의 말씀이 그분의 유한한 몸을 통하여 흘렀다.

자기 내면의 장벽들로부터 자유롭고
아픔에 자기를 방어하지 않았던 예수는
그만큼 더 상처 입기 쉬운 나약한 몸으로 사람들에게 다가갔고
사람들 하나하나를 사랑하는 온유한 연인이 되셨다.
그분 눈에서,
그분 손에서,
그분 몸에서,
그분의 옹근 존재에서,
사람들 저마다에게 독특한 방식으로 임하는
당신의 현존이 흘러나왔다.
각 사람에게 자기를 온전히 내어주면서 그분은
각자의 아픔을 더욱 옹글게 당신 것으로 삼으셨다.
그들의 아픔을 당신 아픔으로 받아들이셨고,
그들 각자와 함께 일일이 괴로워하셨고,
그들의 깊은 욕구에 귀를 기울이셨다.
그들과 함께 사랑을 호소하고,
가치를, 개성을, 친밀한 사귐을
그리고 존재 자체를 추구하셨다.
그러나 또한 그분은 저마다의 두려움,
특히 사랑에 대한 두려움, 교만,
자기를 지키려는 욕구,

자신의 나약함을 보호하는 장벽,
"아니"라고, "난 당신을 원하지 않는다!"고 소리치는
고집과 대면해야 하셨다.
"내가 내 아버지의 이름으로 왔지만
너희는 나를 받아들이지 않는다"(요한 5)는
예수의 말씀에서 우리는 깨어져 멍든 가슴을 느낀다.
예수의 마음은 너무나도 상처 입기 쉬운 나약한 것이어서
사람들에게 밀려나셨을 때
더욱 옹글게 괴롭고 아프셨다.
그분 안에서 솟구쳐 오르는 사랑,
세상에 생명을 주고 깊이 사귀고자 하는 목마름,
사람들 가슴 안에서 편안히 쉬고 싶은 마음이
무참하게 외면당했다.
온유하고 겸손한 연인,
침묵하는 연인,
거절당한 연인,
고뇌하는 연인,
그 연인의 깨어져 멍든 가슴!
이렇게 그분은 우리들 가운데 어느 누구보다도
깊게 아프게 고통을 경험하셨다.

아버지의 자애롭고 온유한 얼굴을
보여주러 오신 예수

예수는 우리 모두에게 당신 아버지이자 우리 아버지이신
하느님의 자애롭고 자비로운 얼굴,
용서하시는 얼굴을 보여주려고 세상에 오셨다.
너무나 많은 사람이 하느님에 대한 그릇된 관념들,
분노하고 심판하며,
숨어서 사람들을 훔쳐보다가
갑자기 달려들어 벌할 준비가 되어 있는 하느님,
종교의식과 예배형식, 희생제물, 정결의식,
안식일에 해서는 안 되는 일과 해야 하는 일 따위에
더 많이 관심하는 율법의 하느님,
혹은 인생사와 인간의 고통에 흥미가 없는
아주 멀리 떨어져 있는 하느님에 사로잡혀 있다.

예수는 하느님의 진짜 얼굴,
사람들을 뜨겁게 관심하시는 사랑의 하느님,
진실의 하느님,
빛의 하느님,
아무리 비천하고 보잘것없는 자라도 빠짐없이 사랑하고,
사람들 저마다의 아름다움과 추함,

풍요로움과 가난함,
부끄러움과 나약함을 있는 그대로 알아주시는 관용의 하느님,
모든 사람의 목숨을 소중하게 여기시는 생명의 하느님,
부유하고 권세 있는 자들 편에 선 율법과 제도를
옹호하는 하느님이 아니라,
세상을 심판하고 정죄하는 하느님이 아니라,
모든 살아 있는 것들을 구원하고 치유하고
생명을 주되 넘치게 주시는 하느님을 보여주려고
세상에 오셨다.

예수는 당신의 말과 행동이 모두
하늘 아버지로부터 온 것이라고 거듭 말씀하신다.
그분 자신이 아버지로부터 생겨나신 분이요,
그분과 아버지는 서로 하나 되어 함께 끊임없이 일하신다.
그분은 아버지가 보내신 분이요,
아버지를 위해 있는 분이요,
아버지의 사랑을 받는 아들이시다.
아버지는 그분 안에,
그분은 아버지 안에 있고,
아버지와 그분은 한 몸이시다.
제자들이 그분께 나아간 것도 아버지에 의해서요,
그분이 하느님의 아들,
메시아임을 그들에게 보여주시는 이도 아버지시다.

"정말 잘 들어두어라.
아들은 아버지께서 하시는 일을 보고 그대로 할 뿐이지
무슨 일이나 마음대로 할 수는 없다.
아버지께서 하시는 일을 아들도 할 따름이다.
아버지께서는 아들을 사랑하셔서
친히 하시는 일을 모두 아들에게 보여주신다.
그뿐만 아니라 아들을 시켜 이보다 더 큰일도 보여주실 것이다.
그것을 보면 너희는 놀랄 것이다.
아버지께서 죽은 이들을 일으켜 다시 살리시듯이
아들도 살리고 싶은 사람들은 살릴 것이다.
또한 아버지께서는 친히 아무도 심판하지 않으시고
그 권한을 모두 아들에게 맡기셔서
모든 사람이 아버지를 존경하듯이 아들도 존경하게 하셨다.
아들을 존경하지 않는 사람은
아들을 보내신 아버지도 존경하지 않는다." (요한 5)

열두 살 때 예수는 아버지의 사랑과 부르심을,
사랑으로 이룰 당신의 임무를,
더욱 옹글게 깨달으셨다.
그분이 아직 성전에 머물러 계실 때,
성스런 도시 예루살렘 순례를 마치고 고향으로 돌아가다가
일행 가운데 있을 줄 알았던 아들이
함께 있지 않은 것을 알게 된

마리아와 요셉이 예루살렘으로 돌아와 아들을 찾았다.
사흘째 되던 날 그들은 성전에서 아들을 발견하고,
놀란 가슴으로 물었다.

그의 부모는 그를 보고 깜짝 놀랐다.
어머니는 예수를 보고
"애야, 왜 이렇게 우리를 애태우느냐?
너를 찾느라고 아버지와 내가
얼마나 고생했는지 모른다" 하고 말하였다.
그러자 예수는
"왜 나를 찾으셨습니까?
나는 아버지의 집에 있어야 할 줄을 모르셨습니까?"
하고 대답하였다. (루가 2)

제자들은 스승이 자주 언급하시는 '아버지'를 알고 싶어 했다.

이번에는 필립보가
"주님, 저희에게 아버지를 뵙게 하여주시면
더 바랄 것이 없겠습니다."
하고 간청하였다.
예수께서는 이렇게 대답하셨다.
"필립보야, 들어라.
내가 이토록 오랫동안 너희와 같이 지냈는데도

너는 나를 모른단 말이냐?
나를 보았으면 곧 아버지를 본 것이다."(요한 14)

아들의 얼굴이 아버지의 얼굴이다.
그의 손,
그의 몸,
그의 말,
그의 가슴이
곧 아버지 하느님의
손이요 몸이요 말이요 가슴이다.
'말씀'이 아버지를 보여주려고 육신으로 되셨다.

지난날 그 어떤 예언자도 하지 못한 일을 예수가 하신다.
하느님을 "나의 아버지"라고,
심지어 "아빠, 아버지"라고 부르신 것이다.
분명 그분은 당신 아버지를 사랑하고
아버지 또한 당신 아들인 그분을 사랑하신다.
두 분 사이에서는 깊은 친밀함과
막힘없는 통교가 이루어지고,
서로가 서로에게 선물이 되고,
영원히 함께 있고,
상대 안에서 하나 되고,
서로에게 하나 되고,

그리하여 두 분은 온전히 같은 한 분이시다.

예수는 인류 역사에서 그 어느 성인이나 예언자보다 온전하게
당신 아버지이신 하느님과 통교하며 하나를 이루신 분이다.
상처받아 아픈 인간관계들로부터 당신을 보호하고,
하느님과의 온전한 교제와
거기서 흘러나오는 사랑을 가로막을
그 어떤 장벽들도 그분에게는 없다.
예수는 옹글게 하느님과 하나이시요,
하느님께 남김없이 당신을 바치고,
모든 것을 하느님께로부터 받고,
매 순간 하느님의 영감을 받아 움직이고,
온전히 하느님께 굴복하고,
온전히 하느님의 힘을 입고,
하느님의 신성한 능력과 신성한 작음(littleness)으로
충만한 분이시다.

바리사이들은 하느님과 자기를 일치시키는 예수의 선언을
그냥 들어 넘길 수가 없었다.
"한갓 사람이면서 하느님 행세를 하고 있지 않은가?"(요한 10)
이는 궁극의 신성모독 아니면 궁극의 자비로운 계시다.
하느님의 얼굴이
온유하고 사랑스럽고 자애로운 예수의 얼굴로 나타나,

모든 사람을 당신 사랑의 약속과 교제 속으로
초대하고 있는 것이다.

여기서 우리는 다시 인간의 언어가,
그것이 말하고자 하는 바를 오히려 손상시킬 만큼,
제한된 것임을 본다.
하느님은 남성도 아니고 여성도 아니다.
그분은 두 성을 모두 초월하신다.
우리 인간들은 너무나 독단적인 존재들이다.
우리의 언어는 현실의 경험에서 나온다.
그 언어가 가리키는 진실에 닿기가 무척 어렵다.
우리는 감정과 고통의 자물통에 채워져 있다.
하느님은 우리의 유한하고 부서지고 두려움으로 가득 찬
아버지들과 같은 아버지가 아니시다.
실제로 우리 아버지들은 하느님 아버지와 정반대일 수 있다.
그래서 자기 아버지에 대한 분노와 증오가
진정한 아버지의 모습 곧 하늘에 계시는 아버지의 모습을
이해하게 도와주는
하나의 표시(標示, sign)임을 깨달을 때까지,
하느님을 아버지라고 부르는 것이 고통스러운 사람들도 있다.

예수의 ‘아버지’는 근원이시다.

‘성자’가 ‘성부’한테서 나오지만,

우리가 태어나듯이 그렇게 일회적으로 나오는 것이 아니다.

그분은 영원한 ‘지금’, 당신 아버지한테서 영원히 생겨나신다.

하느님을 아버지라고 부르기 위하여

우리의 아버지 개념을 정화(淨化)할 이유가 여기 있다.

인간의 아버지는 아들보다 이른 시대를 살고

대개는 아들보다 먼저 죽는다.

그러면서 아들을 양육하고 그 인생을 인도한다.

삼위일체에는 그런 게 없다.

아버지가 아들보다 먼저 있지도 않고 아들을 기르거나

인도하지도 않는다.

아버지는 근원이면서 맨 나중이시다.

아들은 영원히 아버지로부터 생겨나는데

당신을 온전히 아버지께 드림으로써 아들로 존재한다.

사람은 어머니 자궁에 잉태되어 거기서 태어난다.

복되신 삼위일체 안에서 아들은 온전히 아버지를 위한 존재로

영광과 빛 가운데 아버지를 향하는 옹근 사랑이다.

여기서 인간의 언어는 더 나아가지 못한다.

일체 안의 삼위이신 하느님을 생각할 때,

아버지와 아들의 은유(隱喩)는 다른 은유들,

서로 사랑하여 자기를 내어주고 상대를 받아들이는

남자와 여자 은유와
혼인잔치의 영광 안에서 서로 함께 있으며 서로 안에 있는
신랑신부 은유로 완성되어야 한다.
서로 사랑하여 한 몸을 이루는 남자와 여자는
하느님의 신비를 드러내 보여주는
하느님의 형상(image)이다. (창세기 1)
그러나 이 은유는 여전히 모자란다.
일체이신 삼위가 모두 옹근 하느님이요
서로 다르지 않고 서로를 필요로 하지 않는 데 견주어,
남자와 여자는 서로 다르고 서로를 채워주어야 하며
그래서 서로 필요한 존재들이기 때문이다.
삼위일체는 힘의 서열이 아니라 사랑의 교제다.

서로를 위하고 서로 안에 있는 성삼위의 사랑은
인간들 사이에 있어야 하는 사랑과 우정의 모습을 담고 있다.
온유, 친절, 불타는 열정, 전폭적 신뢰,
겸손과 따스함, 고요와 평안, 서로 내재함,
한 자아가 다른 자아에게 자기를 기꺼이 내어주는 모습들이
모두 그 안에 담겨 있다.

태초에,
시간이 있기 전에,
아버지와 아들 사이의 이 생명과 사랑과 빛,

기쁨, 합일 그리고 황홀함이 있다.
그 아버지와 아들의 영원한 포옹에서
아버지와 아들과 동격이자 그들과 온전히 하나이신
삼위의 세 번째 격(格), 성령이 생겨난다.

당신 아버지와 통교하면서 예수는 제자들에게,
당신이 아버지와 함께 나누는
같은 교제 안으로 들어가는 길인 기도를 가르치신다.

"하늘에 계신 우리 아버지,
온 세상이 아버지를 하느님으로 받들게 하시며
아버지의 나라가 오게 하시며
아버지의 뜻이 하늘에서와 같이
땅에서도 이루어지게 하소서.
오늘 우리에게 필요한 양식을 주시고
우리가 우리에게 잘못한 이를 용서하듯이
우리의 잘못을 용서하시고
우리를 유혹에 빠지지 않게 하시고
악에서 구하소서."(마태오 6)

그리고 그분은 응답받기까지 계속 간구하라고 하신다.

"누구든지 구하면 받고 찾으면 얻고

문을 두드리면 열릴 것이다.
생선을 달라는 자식에게 뱀을 줄 아비가 어디 있으며
달걀을 달라는데 전갈을 줄 사람이 어디 있겠느냐?
너희가 악하면서도 자녀에게 좋은 것을 줄 줄 알거든
하늘에 계신 아버지께서야 구하는 사람에게
더 좋은 것을 주시지 않겠느냐?"(루가 11)

"아버지께서는 너희가 내 이름으로 구하는 것을
다 들어주실 것이다."(요한 15)

예수는 제자들에게, 하느님이 어떻게 그들을 사랑하시는지
그들의 깊은 부르짖음과 호소에 응답하고자 하시며
그들을 삶의 황홀경으로, 영원한 생명으로
인도하고자 하시는지를 보여주신다.

예수는 하느님이 겸허한 사랑의 하느님으로서,
각 사람에게 사랑으로 하나 되는 관계를 맺자고,
내게 "오라"고 부르시되 그들을 억압하거나 강제하지 않고,
저들이 교만과 독선의 잠긴 문을 열고
당신에게 "오소서"라고 말할 때까지,
오래 참고 기다려주시는 하느님이심을
우리에게 보여주고자 오신다.

하느님의 "오라"와 피조물의 "오소서"로,
하느님과 인간이 서로를 껴안는다.
그렇다, 우리 인간들이
하느님의 영광스럽고 황홀한 생명으로 들어오라는
초대를 받은 것이다.
예수는 이 사랑의 하나 됨으로 당신 제자들을 부르신다.
예수와 깊은 교제 속에서 우리는 하느님의 생명으로 들어간다.
당신을 믿고 당신을 의지하여
하느님의 성스런 하나 됨으로 들어오라고
예수는 우리를 부르신다.
그리하여 당신을 따르는 자들에게 말씀하신다.

"아버지께서 나를 사랑하시듯이 나도 너희를 사랑한다."
(요한 15)

그리고 당신 아버님께 간구하신다.
"그것은 아버지께서 나를 사랑하신 그 사랑이 그들 안에 있고
나도 그들 안에 있게 하려는 것입니다."(요한 17)

이것이 궁극의 계시다.
예수는 사람들을 사랑하시되 각 사람을 일대일로 사랑하신다.
예수는 당신 제자들을 사랑하시고
그들을 종이 아니라 친구라고 부르신다.(요한 15)

주고받는 사랑 안에서 하나 된 몸으로 우정을 나누자고
그분은 우리 모두를 초대하신다.

예수는 우리와 거리를 두고 은전을 베푸는
정의로운 지도자가 아니다.
정의와 평화 안에서 인류를 재편성할 위대한 왕도 아니다.
남자 어른 오천 명이 배불리 먹었을 때
많은 사람이 예수가 그런 왕이 되기를 원하였다.
그러나 그것은 예수가 이루려고 세상에 오신 일이 아니었다.
그들의 눈을 피하여 예수는 호수를 건넜고
비로소 당신 가슴속 비밀을 제자들에게 털어놓으셨다.
"정말 잘 들어두어라.
만일 너희가 사람의 아들의 살과 피를 먹고 마시지 않으면
너희 안에 생명을 간직하지 못할 것이다.
그러나 내 살을 먹고 내 피를 마시는 사람은
영원한 생명을 누릴 것이며
내가 마지막 날에 그를 살릴 것이다.
내 살은 참된 양식이며 내 피는 참된 음료이기 때문이다."
(요한 6)

예수는 위대한 정치 지도자가 되려고 세상에 오신 게 아니라,
사람들을 따뜻하게 사랑하고
그들 또한 서로 같은 사랑을 주고받게 하려고

세상에 오신 분이다.
당신과 아버지 사이의 깊고 은밀한 관계를 보여주시며,
당신과 깊은 관계를 맺음으로써
하느님과의 은밀한 관계로 들어오라고 우리를 부르신다.
사람들이 저마다 그분의 살을 먹고 그분의 피를 마실 때
이 은밀한 관계가 속으로 이루어지고 겉으로 표출된다.

사람들은 크고 힘 있는 지도자를 원했지만,
예수는 다른 무엇을 그들에게 주려고 세상에 오셨다.
당신 몸을 통한 사랑과 교제,
당신과의 신비스런 합일이 그것이다.
저마다 자기 가슴속 깊은 데서 솟아나는
사랑의 에너지를 발견하여
그 사랑으로 모든 것과 하나 되자고, 그분은 사람들을 부르신다.

그분의 이런 초대를 받고 사람들은 오히려 등을 돌린다.
"이렇게 말씀이 어려워서야 누가 알아들을 수 있겠는가?"

그들은 자잘한 사랑(the littleness of love)보다
정치 사회적 힘을,
권력을 잡고자 하였다.
온유하고 겸손한 연인보다
위대한 영웅이 되고 싶었던 것이다.

사람들이 온유한 연인 예수,
나약함의 옷을 입고,
새로운 사랑을 베풀고,
하느님과의 은밀한 교제와
황홀한 하나 됨이 실현되는 혼인잔치에
사람들을 초대하는 예수를 이해하기 힘들어하는 것은
어제나 오늘이나 별반 다름이 없다.

하느님 나라를 선포하는 예수

세례자 요한은 하느님 나라가 가까이 왔다고 선언하였다.
예수는 그 나라가 이미 여기 우리 가운데 있다고 선언하신다.
(루가 17)

유대 백성은 그 나라가 오기를 기다리고 있었다.
가난한 사람,
다리 저는 사람,
듣지 못하는 사람,
보지 못하는 사람,
비천한 사람,

약한 사람,
억눌리는 사람 그리고
제 목소리를 내지 못하는 사람들이
모두 그 나라를 갈망하고 있었다.
오랜 세월 많은 사람이 성전과 하느님의 측근에서
쫓겨난 신세였다.
그들은 믿음을 가지고, 어쩌면 분노와 반감을 품고,
그 나라가 어떻게 올는지 모르면서
또는 알려고 하지도 않으면서, 간절히 기다리고 있었다.

이스라엘 왕국이, 필요하면 폭력을 통해서라도, 회복되어
압제자 이교도를 물리치고 승리하기를,
그리하여 하느님의 이름,
하느님의 거룩하신 이름이 온 땅에서 다시 존경받게 되기를
그들은 기다리고 있었다.
그러면 선택받은 민족이 제 위엄과 세력을 되찾을 것이었다.

그러나 예수는 근엄한 대신들에 에워싸여 힘 센 왕이 다스리는
눈에 보이는 나라가 아닌 전혀 다른 나라,
이해하기 힘든 나라,
가슴과 믿음의 눈을 가진 자에게만 보이고,
겨자씨처럼 작고,
밀가루 속 누룩처럼 잘 보이지 않는 나라, (마태오 13)

하지만 그 속에 비밀스런 힘이 있어,
새들이 와서 깃들일 큰 나무와
부풀어 오른 빵이 감추어져 있는 나라를 선포하러 오셨다.

그 나라는 자신의 지식과 권력에 갇혀 있는
크고 힘 있는 자들의 것이 아니라
단순한 신뢰로 어린아이를 받아주는
어린아이 같은 사람들을 위한 나라다. (마태오 19)
왜냐하면 그 나라는 예수의 나라요,
예수는 모든 것을 아버지한테서 받고
모든 것을 아버지께 돌려드리는
아버지의 어린 아들이기 때문이다.

그 나라는 새로운 세상과 같다.
사랑으로 다스려지는 새 세상에 들어가려면
다시 태어나야 한다.
"정말 잘 들어두어라.
누구든지 물과 성령으로 새로 나지 아니하면
아무도 하느님의 나라를 볼 수 없다." (요한 3)
하느님 나라는
가난하고 약하고 비천하고 힘없는 사람들의 나라다. (마태오 5)
부자가 하느님 나라에 들어가기는
낙타가 바늘귀 빠져나가는 것보다 어렵다. (마태오 19)

성경이 말하는 부자란,
자기 소유에 묶여 있는 사람,
자신의 재물, 학식, 힘, 자기 만족을 믿어 의지하고
그 안에서 안주하는 사람을 가리킨다.
가난한 사람, 마음이 가난한 사람은
인간적으로 안주할 곳이 없어 오직 하느님만 신뢰한다.
가난한 사람, 비천한 사람,
여자와 아이들이 존중받는 곳에 그 나라가 있다.
이 땅의 힘 있는 사람들, 스타들, 수상자들이 아니라,
그들이 그 나라의 주인공이다.
그들이 바로 성삼위한테서 흘러나오는
사랑의 축제에 초대받은 이들이다.

그 나라는 밭에, 인간 심성의 밭에, 감추어진
보물과 같아서(마태오 13)
그 보물을 얻기 위하여 다른 모든 것을 기꺼이 포기한다.
그 보물은 사람이 상상할 수 없는 내면의 자유,
듣도 보도 못한 평화와 기쁨을 가져다주는데,
그것들이 너무나 새롭고 놀라운 것이라서
그 보물을 얻기 위하여 다른 모든 것을 버릴
충분한 가치가 있다.

하지만 그 나라는 율법을 잘 지키거나

선하고 경건한 행위를 통하여 획득할 수 있는 나라가 아니다.

그것은 하느님이 주시는 선물이다.

예수를 믿는 사람들,

그 나라에 목이 말라 애타게 갈망하는 사람들에게

아버지가 주시는 선물이다.

하지만 그 나라를 선물로 얻고자 하는 자는

어린아이처럼 그것을 구하고 또 구해야 한다.

"내 어린 양떼들아, 조금도 무서워하지 마라.

너희 아버지께서는 하늘나라를 너희에게 기꺼이 주시기로

하셨다."(루가 12)

우리 사람 몸에 숨겨진 하느님 나라는

아무도 모르게 은밀히 자라난다.

그것은 한꺼번에 불쑥 나타나지 않는다.

하느님 나라는 밭에 나가 씨를 뿌리는 사람과 같다. (마태오 13)

하느님 나라의 말씀이 그 씨인데,

그것이 싹을 틔우고 자라서 열매를 맺게 하려면

잘 보살펴주고 거름도 주어야 한다.

그것은 부서지기 쉽고

세상 근심걱정 때문에 시들어버릴 수도 있다.

하느님 나라는 혼인잔치와 같다. (마태오 22)

그것은 사랑으로 둘이 하나 되는 혼인잔치,

그 안에서 아들이 모든 것을 아버지로부터 받고

그 모든 것을 다시 아버지께 돌려드리는
기쁘고 황홀한 축제 마당이다.
그 잔치에 가난하고 비천한 사람들은 몰려오는데,
부자들은 너무 바빠서 참석할 시간이 없다.
잔치에 온 사람들은 모든 것을 받고 모든 것을 주며,
사랑의 식탁 또는 만유의 근원에서 자신을 채우고
다시 그것을 비워 몸소 사랑의 근원으로 된다.
생명의 물을 깊이 마시고 그것을 토해내어
남들을 위해 영원히 흘러넘치는 축제의 샘이 되는 것이다.

하느님 나라는 예수가 보여주신 생활양식이자,
하느님이 현존하시는 축복의 장소다.
하느님 나라는 불안한 상황에서 하느님을 믿고,
분노와 절망을 모르는
마음 가난한 사람들의 나라다. (마태오 5)
그 나라는 폭력을 쓰지 않는 사람,
남과 싸울 줄 모르는 사람,
천성이 부드럽고 온유한 사람들의 나라다.
그것은 애통하는 사람,
그러나 아직 포기하지 않는 사람,
정의에 목마르고 배고프면서도
남을 저주하여 무기를 들지 않는 사람,
누구를 가벼이 동정하거나 업신여기는 마음 없이

자비를 베푸는 사람,

마음이 깨끗하여 조금도 교만하지 않은 사람,

평화를 위해 일하면서 자기 길을 남에게 강요하지 않는 사람,

그런 사람들을 위한 나라다.

그 나라는, 예수처럼, 하느님의 진리를 위하여

변두리로 내몰리고 얻어맞으면서도

앙심을 품거나 보복을 꾀하지 않는 사람들의 나라다.

이것이 그 나라의 길이요 법이다.

그것은 우리가 거듭나서

자신을 가두었던 감옥으로부터,

자기 영광을 추구한 결과인

두려움과 긴장으로부터 해방되는 곳이다.

왼뺨 맞고 오른뺨 돌려대는 곳,

덤으로 오 리를 더 가는 곳,

겉옷에 속옷까지 벗어주는 곳,

더 이상 누구도 심판하거나 저주하지 않는 곳, (루가 6)

불쌍히 여기는 마음으로 용서하고

또 용서하고 다시 용서하는 곳,

원수들을 사랑하고 그들을 위해 기도하는 곳, (마태오 5)

나쁜 말을 하는 자들이 좋은 말을 듣는 곳,

거기가 하느님 나라다.

이렇게 주고 또 주고 다시 주는 일은

우리가 끊임없이 받고 또 받고 다시 받을 때에만 가능하다.

샘에서 흘러나오는 물을 받아 마실 때에만
우리는 남을 위한 샘이 될 수 있다.
자신이 하느님에 의하여 보호받고
그분 손에 잡혀 있음을 분명히 알 떠,
그때 비로소 우리는 자기 방어기제를 훌 물고
보호 장벽을 무너뜨릴 수 있는 것이다.
거기가 하느님 나라다.

예수는 당신을 따르는 자들에게 공중의 새를 보라고,
씨를 뿌리지도 않고 곡식을 거두어들이지도 않지만
하늘 아버지께서 그것들을 먹여 기르신다고,
들의 백합화도 솔로몬의 호사스런 옷보다
아름답게 입히신다고 말씀하신다.
"너희는 왜 그렇게도 믿음이 적으냐?
오늘 피었다가 내일이면 아궁이에 던져질 들꽃도
하느님께서 이처럼 입히시거든
하물며 너희에게야 얼마나 더 잘 입혀주시겠느냐?
그러니 무엇을 먹을까 무엇을 마실까 하고
염려하며 애쓰지 마라.
그런 것들은 다 이 세상 사람들이 찾는 것이다.
너희의 아버지께서는 이 모든 것이
너희에게 있어야 할 것을 잘 알고 계신다.
너희는 먼저 하느님의 나라를 찾아라.

그러면 이 모든 것도 곁들여 받게 될 것이다.”(마태오 6, 루가 12)
너를 사랑하시는 그분을 믿고 너 자신을 놓아버려라.
어린아이들아, 예수처럼, 아버지를 “아빠, 아버지”라고 불러라.
아버지께서 너희를 보살피신다.

예수는 우리 모두를 감추어진 사랑의 나라로
데려가고자 오신다.
그 나라는 왕궁이나 박물관이 아니라
바로 지금 여기, 가난하고 비천한 사람들 가슴에,
우리 모두 안에서 떨고 있는 외로운 아이의 가슴에,
어린아이 같은 사람들 안에 있다.
고통과 괴로움이 있는 곳,
감옥, 빈민굴, 병원,
이 시대의 불가촉천민들,
매 맞고 내쫓긴 사람들,
버림받은 사람들,
벌거벗겨 십자가에 달린 사람들 안에 그 나라가 있다.

오늘 거절당하고 부서진 사람들 안에 숨어 있는 그 나라가
밖으로 결실을 드러낼 날이 오리라.
영원한 혼인잔치가 태양보다 밝게 빛날 것이다.
태양은 지나가고 그 나라가 빛의 근원이 될 것이다.

그날, 천사들에 둘러싸인 왕이 영광 가운데 오시어
당신의 보좌에 앉으시리라.
모든 민족이 그 앞에 모이고,
왕은 가난하고 굶주리고 헐벗은 나그네들을 환영하여
자비를 베푼 모든 사람을
당신 나라에 초대하며 말할 것이다.
"너희는 내 아버지의 복을 받은 사람들이니 와서
세상 창조 때부터 너희를 위하여 준비한 이 나라를
차지하여라."(마태오 25)

예수는 사람들 가슴에 감추어진 나라를 말씀하신다.
그 나라는 율법에 사로잡혀 있는 자들,
지난날의 가치를 지키려고만 하는 자들,
겉으로 드러나는 정치권력을 바꾸려고만 하는 자들,
내일에 대한 전망에 사로잡혀 있는 자들 안에는 있지 않다.
예수는 법을 강제로 고치거나 바꾸려고 하지 않는다.
오늘의 '지금 여기'에서
용서하고
자비를 베풀고
사랑하는
새 법을 보여주신다.
가난하고 약한 사람들과 먼저 함께하는
새로운 우선순위를 보여주신다.

그들이 사람들을 하느님 나라로 인도할 것이기 때문이다.
그들이 그 나라의 열쇠다.

그리고 예수는 눈에 보이지 않는 나라,
부서진 세상의 가슴에,
이 세상 부서진 가슴들에 감추어진 나라의 왕이시다.
그분은 눈에 띄는 권세를 부리는
정치적 임금이 되고자 하지 않으셨다.
사람들이 당신을 왕으로 모시려 할 때 도망을 치신 분이다.
하지만 빌라도 앞에서는 당신이 왕임을 분명히 밝히신다.
그분은 우리 모두를 하나씩 따로 껴안고 싶어 하시며
우리 모두에게 내적 자유를 선물로 주시어
거침없이 사랑할 수 있게 해주시는
침묵의 왕, 비밀스런 사랑의 왕이시다.

예수의 왕국은 이 세상에 속한 나라가 아니다.
그것은 성삼위의 나라, 사랑의 왕국이다.
예수는 육신으로 세상을 떠나실 때가 되자,
베드로에게 말씀하신다.
"너는 베드로이다.
내가 이 반석 위에 내 교회를 세울 터인즉
죽음의 힘도 감히 그것을 누르지 못할 것이다.
또 나는 너에게 하늘나라의 열쇠를 주겠다.

네가 무엇이든지 땅에서 매면 하늘에도 매여 있을 것이며
땅에서 풀면 하늘에도 풀려 있을 것이다.”(마태오 16)
이 세상 가난하고 부서진 사람들에게
당신의 권위를 안겨주는 작은 거인 예수의 모습!

모든 사람을 당신 나라에 데려오려고
눈물짓는 예수

라자로처럼 거리에 누워 있는
가난하고 약하고 병들고 다리 저는 사람들,
죄인 찌지를 달고 억압받는 사람들,
유대 사회에서 소외당하여
아무 데서도 환영받지 못하고 집 없이 떠도는
외로운 사람들이 한쪽에 있고,
다른 쪽에는 안락한 생활을 즐기면서
깨끗하고 힘 있고 재물도 많은
귀족층과 부유층이 있는,
당신 백성들한테서 보이고 만져지는 온갖 분열상에
예수는 눈물을 흘리신다.
유대인과 로마인,

유대인과 사마리아인,
순결한 자들과 불결한 자들 사이의
분열, 증오, 억압 앞에서 예수는 우신다.

약자와 강자,
궁핍한 자와 안락한 자,
힘 있는 자와 힘없는 자,
유대인과 이방인,
이들 모두를 사랑의 도성인 당신 나라로 들어오게 하려고,
그리하여 더 이상 경쟁과 다툼,
편견의 장벽,
인종주의와 성차별,
약자와 힘없는 자에 대한 배척,
공격과 전쟁,
군대와 무기 생산이 없게 하려고
그분은 눈물을 흘리신다.
예수 눈에는 모든 사람이 저마다
사랑하고 사랑받을 성스런 공간과,
받은 은사들로 사랑의 공동체를 건설하여
성삼위일체를 반영할 자격과 임무를 지니고 있다.

예수의 가슴에 담겨 있던 간절한 염원이
아버지께 드린 마지막 기도에서 표출되었다.

“아버지, 이 사람들이 모두 하나가 되게 하여주십시오.
아버지께서 내 안에 계시고
내가 아버지 안에 있는 것과 같이
이 사람들도 우리들 안에 있게 하여주십시오.
그러면 아버지께서 나를 보내셨다는 것을
세상이 믿게 될 것입니다.”(요한 17)

예수는 힘 있는 자,
부유한 자,
존경받는 자들이 꼭대기에 있고
비천한 자들과 변두리에 몰린 자들이
바닥에서 짓눌리고 부서지는 계급사회에 의하여
통치되는 세상이 아닌
새로운 세상,
약한 자를 중심에 두고
다른 모든 지체들이 한 몸을 이루는 세상,
모든 사람이, 특히 약한 자들이 존중받는 세상,
하느님 나라의 공동체를 내다보셨다.

예수가 가난한 자,
억눌린 자,
사로잡힌 자들을 위한 ‘좋은 소스’을 전하는 것으로
당신 사랑의 공사(公事)를 시작하신 이유가 여기에 있다.

인류를 사랑의 몸으로 거듭나게 하는 것이 그분의 꿈이고,
그 꿈을 가장 가난한 자들로 더불어 실현하신다.
그들이 바로 새로운 조직,
놀라운 세상의 초석이기 때문이다.

예수는 당신의 꿈을 제자들과 나누신다.
그분이 제자들을 부르시는 것은
단순히 당신과 함께 있으면서
아버지를 알게 하기 위해서만은 아니다.
당신이 사셨듯이 그렇게 살면서,
새 인류에 대한 당신의 꿈을 나눠 가지고
이 땅에 그 나라가 이루어지도록 일하게 하기 위해서다.
그러려면 마음을 새롭게 하고 믿음을 깊게 하여
기도할 뿐 아니라,
하느님의 영으로 감화된 인간의 지혜와
서로 사랑 안에서 하나 되고
각자의 소명과 임무를 존중하며,
특히 약하고 여린 사람들의 말에 귀를 기울이고,
변화를 부르는 예언자들의 음성을 경청하며,
속에 하느님의 빛이 감추어져 있는
다른 신앙의 사람들을 존중하는
새로운 방식의 권위 있는 공동체가 필요하다.

사랑의 도성인 그 나라를 실현코자 예수는
인생길을 걷고 있는 모든 사람들,
유대인과 사마리아인,
남자와 여자,
이교도 여인,
로마군 백인대장의 하인에게로 다가가셨다.
나라, 문화, 인종, 종교의 온갖 장벽들을 무너뜨리고
그분은 '사람들'을 만나 그들을 사랑하셨다.

예수의 메시지는 우주적 사랑을 실천하라는 것이다.
모든 사람이 우리의 형제요 자매다.
낯선 사람들,
우리와 다른 사람들,
로마인과 사마리아인들이 모두 하느님의 자녀들이다.
이제 더 이상 아픈 현실과
자기와 다른 것들로부터 자기를 지키기 위해서
만들어 세운 장벽들 뒤에 숨지 말고,
새로운 인류에 대한,
새로운 통일에 대한,
당신의 꿈에 가슴을 열고 동참하라는 것이다.

인간들은 집단 속에 자기를 가두고
물리적으로, 문화적으로 그리고 심리적으로
온갖 장벽들을 만들어 그것을 보호하는 데서 그치지 않고,
더 많은 땅과 재물을 얻고자 군대를 일으켜 상대방을 공격한다.
각 집단들은 자기들만의 문화, 언어, 종교를 가진다.
그리고 저마다 자기네가 최선이라고,
으뜸이라고 주장하며
다른 집단들을 경멸하고 무서워한다.
다른 모든 집단과 마찬가지로 유대인들 또한
엄격한 율법,
일치된 소망,
하느님 신앙과 자기네 독특한 역사를 통하여 형성된
강한 주체성으로 똘똘 뭉쳐진 집단이었다.
그들의 정통성은 핏줄로 이어진 것이었다.
그들은 스스로 하느님께 선택된 민족이라고 믿었다.
바로 그 유대인 집단을 보호하고
민족의 정통성을 지켜온
장벽들을 무너뜨리려고 예수가 오셨다.
당신 몸을 통하여, 당신 몸 안으로,
모든 백성을 끌어들이려고 오신 것이다.

예수가 당신의 말과 삶으로 보여준
인류의 하나 됨에 대한 이 새로운 꿈은

우대인들의 정통성을 위협하고 그 기반을 흔들었다.
그것은 많은 사람의 생활양식과 체제와 문화를
위태롭게 하였고,
또한 역사를 관통하여 수많은 종교 집단들을
위태롭게 하였다.

그러나 하나 됨(unity)은
융합(fusion)도 아니고 통합(conformity)도 아니다.
모두가 저마다 다르다.
모두가 저마다 독특하다.
모두가 하느님 나라를 위하여,
인류 공동체를 위하여,
내어놓을 자기만의 선물이 있다.
사람 몸은 여러 다른 지체들로 이루어졌지만
그러면서 하나인 몸이다.
서로 다른 여럿으로 이루어지는 하나다.

우리는 어떻게 민족과 국가,
종족과 가족의 집단들을 에워싼 장벽을
무너뜨릴 수 있을 것인가?
사람들은 두려움에 기초한 콘크리트보다 단단한 장벽들이,
불안과 염려로부터 자기들을 지켜준다고 생각한다.
그것들이 없으면 자기네가 허공 속으로

사라질 것이라고 믿는다.

사랑의 왕국은 증오와 폭력을 통해서 오지 않는다.
"칼을 쓰는 자는 칼로 망하는 법"(마태오 26)이기 때문이다.
그 나라는 사랑 안에서 저마다의 거듭남을 통하여,
성령의 선물로,
빛이 어둠을 관통하여 그것을 변화시킬 때 올 것이다.
사람들마다 그 마음이 변화되고
인생의 목적과 방향이 달라지는,
예수를 온전히 신뢰하여,
온유하고 겸손한 그분의 길을 받아들이고,
스스로 가난해져서 가진 재물과 힘을 없는 이들과 나누는
그것이 바로 하느님 나라다.
우리가 가난한 이들과 깊이 연대하여
그들의 식탁에서 먹고(루가 14)
그들과 함께 공동체를 이루어 일어서는 곳에,
빛과 진실에 자기 삶을 내어맡기는 사람들이 있는 그곳에,
용서와 화해를 통하여 그 나라는 존재한다.

예수는 당신 제자들을 불가능으로 부르셨다.
"잘 들어라. 너희는 원수를 사랑하여라.
너희를 미워하는 사람들에게 잘해주고
너희를 저주하는 사람들을 축복해주어라.

그리고 너희를 학대하는 사람들을 위하여 기도해주어라.
누가 뺨을 치거든 다른 뺨마저 돌려 대주고
누가 겉옷을 빼앗거든 속옷마저 내어주어라.
달라는 사람에게는 주고
빼앗는 사람에게는 되받으려고 하지 마라.”(루가 6)

그렇다, 이것은 예수가 인류를 하나 되게 하려고 권하는
불가능한 사랑이다.
비폭력, 용서, 화해를 지향하고,
자기네와 다른 사람들을 받아들이며,
가난한 이들과 전적으로 하나 되는 이 길은
제 안에 스스로 갇혀 있는 체제의 바탕을 흔들고,
자유방임적 자본주의자와 독재자들을 불안하게 만들 것이다.
그것은 증오가 용서로 바뀌고 원수가 친구로 바뀌는,
예수에 의하여 주어진,
새로운 사랑의 세력이 될 것이다.
이 변화에는 시간이 필요하다.
그 나라는 사랑과 섬김에 뿌리 내린 씨앗처럼,
조금씩 천천히 자라기 때문이다.

그러나 아직도 우리 모두의 가슴에는
예수와 그분 나라에 대한 저항이 크게 남아 있다.

오실 그분

세례자 요한은 예수에게 메시아의 여러 이름을 헌정하였다.
어린 양,
신랑과 연인,
택함 받은 사람.
그는 예수를 가리켜
"오실 그분"이라고 분명히 말했다.

우리 모두 알다시피,
이사야의 예언이 오늘 이루어졌다고 선언하는 자리에서
예수는 당신이 그리스도임을 몸소 확인하셨다.

"주님의 성령이 나에게 내리셨다.
주께서 나에게 기름을 부으시어
가난한 이들에게 복음을 전하게 하셨다."(루가 4)

그리스어와 마찬가지로 히브리어로도 '그리스도'는
"기름부음을 받은 사람 또는 정화(淨化)된 사람"을 의미한다.
그러므로 위의 본문은 이렇게도 읽을 수 있다.

"주님의 성령이 나에게 내리셨다.

주께서 나를 그리스도로 세우시어
가난한 이들에게 복음을 전하게 하셨다."

예수는 많은 병자들을 고치셨지만 그들에게 늘 말씀하셨다.
"그대 믿음이 그대를 성하게 하였다."
당신 몸에서 치유하는 능력이 나온 것은 사실이지만,
그것만이 아니었다.
치유된 사람한테도 "믿음의 능력"이 있었다.

감옥에 있으면서 요한은 의심과 번민에 휩싸여,
제자들을 예수에게 보내어 묻게 하였다.

"오시기로 되어 있는 분이 바로 선생님이십니까?
그렇지 않으면 우리가 다른 분을 기다려야 하겠습니까?"
(마태오 11)

예수가 그들에게 이르셨다.

"너희가 듣고 본 대로 요한에게 가서 알려라.
소경이 보고
절름발이가 제대로 걸으며
나병환자가 깨끗해지고
귀머거리가 들으며

죽은 사람이 살아나고
가난한 사람들에게 복음이 전하여진다.”(마태오 11)

예수의 치유행적은 그가 참 메시아임을 보여주는 증표였다.
예수 본인은 당신의 역할에 대한 언급에 신중하셨다.
병을 고쳐준 사람들에게는 당신이 고쳐주었다고
말하지 말 것을 부탁하셨다.
사람들이 당신을 자기들이 오랜 세월 기다려온 메시아로 알아
아직 때가 익기 전에,
당신의 때가 오기 전에,
정치적 소란을 일으킬까, 그것을 경계하신 것이다.

단 한 번 예수는 당신이 메시아임을
당신 입으로 분명히 확인하셨거니와
그것은 복음서에 나오는
상처 입고 멸시당하고 비참한 여인들 가운데 하나인
사마리아 여인에게 하신 말씀이었다. (요한 4)
그리고 베드로가 당신에게,
“주는 그리스도시요 살아 계신 하느님의 아들이십니다” 라고
말했을 때,
그분은 이렇게 대꾸하셨다.

“시몬 바르요나,

너에게 그것을 알려주신 분은 사람이 아니라
하늘에 계신 내 아버지시니 너는 복이 있다.”(마태오 16)

예수는 당신을 가리켜 자주 ‘사람의 아들’이라고 하셨는데,
그것은 예언자 에제키엘과 다니엘이
선과 악, 하느님과 사탄의 마지막 대결을 내다보며
기록한 책에서 발견되는 메시아 호칭이다.

“나는 밤에 또 이상한 광경을 보았는데
사람 모습을 한 이가 하늘에서 구름을 타고 와서
태곳적부터 계신 이 앞으로 인도되어 나아갔다.
주권과 영화와 나라가 그에게 맡겨지고
인종과 말이 다른 뭇 백성들의 섬김을 받게 되었다.
그의 주권은 스러지지 아니하고
영원히 갈 것이며
그의 나라는 멸망하지 아니하리라.”(다니엘 7)

예수는 체포당해 심문 받는 자리에서
“살아 계신 하느님의 이름으로 명령하니 분명히 대답하여라.
그대가 과연 하느님의 아들 그리스도인가?”
라고 묻는 대사제 가야파에게,
바로 이 예언을 인용하면서 말씀하신다.

“그것은 너의 말이다. 잘 들어두어라.
너희는 이제부터 사람의 아들이
전능하신 분의 오른편에 앉아 있는 것과
또 하늘의 구름을 타고 오는 것을 볼 것이다.”(마태오 26)

유대인들은 예수가
스스로 하느님을 자처한다고 생각했다.
유대인들에게 그것은
사형에 처할 만한 신성모독죄였다. (레위기 24)

예수가 중풍병자에게
“너는 죄를 용서받았다”고 말씀하셨을 때
율법학자와 바리사이들은 수군거렸다.
“저 사람이 누구인데 저런 말을 하여 하느님을 모독하는가?
하느님 말고 누가 죄를 용서할 수 있단 말인가?”(루가 5)

하느님과 당신이 하나라고 말씀하시는 예수에게
그들은 돌을 들어 치려고 하며 말했다.
“당신이 좋은 일을 했는데 우리가 왜 돌을 들겠소?
당신이 하느님을 모독했으니까 그러는 것이오.
당신은 한갓 사람이면서 하느님 행세를 하고 있지 않소?”
(요한 10)

전에도 그런 일이 있었다.

"이 때문에 유대인들은
예수를 죽이려는 마음을 더욱 굳혔다.
예수께서 안식일법을 어기셨을 뿐 아니라
하느님을 자기 아버지라고 하시며
자기를 하느님과 같다고 하셨기 때문이다."(요한 5)

예수와의 특별한 대화가 끝나갈 때,
사마리아 여인은 말했다.
"저는 그리스도라 하는 메시아가 오실 것을 알고 있습니다.
그분이 오시면 모든 것을 다 알려즈시겠지요."
그러자 예수가 그녀에게 이르셨다.

"나다, 너에게 말하는 사람(I am who speaks to you)."
(요한 4)

그분은 "내가 그다."
또는 "내가 장차 올 그 사람이다."
라고 말하지 않고,
"나다(I am)"라고 하신다.
그것은 모세가 하느님께
"제가 이스라엘 백성에게 가서

'너희 조상들의 하느님께서 나를 너희에게 보내셨다.'
하고 말하면 그들이
'그 하느님의 이름이 무엇이냐?' 하고 물을 터인데
제가 어떻게 대답해야 하겠습니까?"
라고 물었을 때
하느님이 일러주신 바로 그 이름이다.

"나는 곧 나다."(출애굽기 3)

같은 하느님의 이름이
예언자 이사야를 통해서도 계시된다.

"너희가 바로 나의 증인이다.
야훼의 말이다.
너를 뽑아 내 종으로 세운 것은
세상으로 하여금 나를 알고 믿게 하려는 것이요,
나밖에 없다는 것을 깨우치게 하려는 것이다.
손으로 빚은 신이
나보다 앞서 있을 수 없고 후에도 있을 수 없다.
나, 내가 곧 야훼이다.
나 아닌 다른 구세주는 없다.
내가 미리 말하였고
그 말한 대로 구원하였다.

이렇게 될 것을 일러준 신이
나 말고 너희 가운데 있느냐?
너희가 곧 나의 증인이다.
야훼의 말이다.
나, 내가 곧 하느님이다.
처음부터 나밖에 없다."(이사야 43)

요한의 복음서 8장에서 예수는
이 이름, '나다(I am)'를 확인하신다.

"너희는 아래에서 왔지만 나는 위에서 왔다.
너희는 이 세상에 속해 있지만 나는 이 세상에 속해 있지 않다.
그래서 나는 너희가
자기 죄에서 헤어나지 못한 채 죽으리라고 한 것이다.
만일 너희가, 내가 나임을 믿지 않으면
그와 같이 죄에서 헤어나지 못한 채 죽고 말 것이다.
……너희가 사람의 아들을 높이 들어 올린 뒤에야
내가 나임을 알게 될 것이다."(요한 8)

이어서 그분은 말씀하신다.

"정말 잘 들어두어라.
나는 아브라함이 있기 전에 나다."(요한 8)

만찬 자리에서도 말씀하신고.

"내가 미리 이 일을 일러주는 것은
그 일이 일어날 때
너희로 하여금
내가 나임을 믿게 하려는 것이다."(요한 13)

그리고 거듭 확인하신다.

"나는 세상의 빛이다.
나는 길이요 진리요 생명이다.
나는 선한 목자다.
나는 부활이다.
나는 생명의 빵이다.
나는 참 포도나무요, 너희가 나 없이는 아무것도 못 한다."

요한은 자신의 복음서 첫머리에서
예수의 신성을 밝히고 있다.

"한 처음, 천지가 창조되기 전부터 말씀이 계셨다.
말씀은 하느님과 함께 계셨고

하느님과 똑같은 분이셨다.
말씀은 한 처음 천지가 창조되기 전부터
하느님과 함께 계셨다.
모든 것은 말씀을 통하여 생겨났고
이 말씀 없이 생겨난 것은 하나도 없다.
……말씀이 곧 참 빛이었다.
그 빛이 이 세상에 와서 모든 사람을 비추고 있었다."(요한 1)

요한에게 이 계시가 분명해진 것은
예수께서 부활하시고
그가 성령을 충만히 받은 뒤였다.
이 땅에 계시는 동안에도
예수는 당신의 신성을 몇 차례 확인해주셨지만,
그를 사랑하고 따르는 제자들조차 알아듣지 못하였다.
그분은 다른 모든 사람처럼
그렇게 단순하고
그렇게 사랑하셨지만,
그들보다 훨씬 더 옹글게 사랑하시고
옹글게 단순하셨으므로
매사에 그들과 같을 수 없으셨다.
자기네가 사랑하여 따르는 사람 여수가

육신으로 된 말씀이라는 사실을
이해하거나 믿을 능력이 그들에겐 없었다.
오직 거룩하신 어머니 마리아만이
그것을 알고 믿었기에 찬양을 받았다.

"모든 여자들 가운데 가장 복되시며
태중의 아드님 또한 복되십니다."(루가 1)

이에 마리아는 화답한다.

"이제부터는 온 백성이 나를 복되다 하리니
전능하신 분께서 나에게 큰일을 해주신 덕분입니다."(루가 1)

| 3 |

넘어뜨리고 일으키시는 예수

예수에 의하여 일어선 사람들

첫 번째로 예수에게 끌어당겨진 사람들은
가난한 사람,
절름발이,
부서진 사람,
배척당해서 모든 희망과 존엄을 잃은 사람,
율법을 지킬 수 없었기에 기성체제로부터 죄인으로 몰려
변두리로 쫓겨난 사람들이었다.
그들은 하느님한테서 버림받았다고 스스로 생각하였다.

예수는 그들을 보셨고,
그들을 만지셨고,

그들을 사랑하셨고,
그들을 고쳐주셨다.
그들 안에 희망을 일깨워주셨다.
예수 덕분에 그들은
자기네가 사악하지도 않고
저주받은 몸도 아니고
오히려 이 예언자에 의하여,
따라서 하느님에 의하여,
사랑받는 존재임을 비로소 알게 되었다.
너무나 많은 부랑자들,
악령에 사로잡힌 남자와 여자들이 고침을 받고
그분 곁에 남아 있고자 하였다.
그들은 그분을 믿고 의지하였다.

그때 스승으로부터 예수를 가리켜
"하느님의 어린 양"이라고 하는 말을 들은
세례자 요한의 제자들이 있었다.
그들 가운데 둘이 '어린 양'에 끌려
예수의 제자가 되었다.
그들은 그분의 빛과 사랑에 감동하여
하루 동안 함께 있었고,
다른 사람들도 불러들였다. (요한 2)

차츰차츰 남자와 여자들이 예수 주변으로 모여들었다.
저도 모르게 아버지에 의하여 그분께로 끌어당겨진 것이다.
예수께서 그들을 부르셨고,
그들은 가난한 사람,
약한 사람,
부서진 사람에게 베푸시는 그분의 자비에,
그리고 망설임 없이 거침없이
예언자의 단순한 언어로 말씀하시는
그분의 권위에 감동받았다.
그분 안에서 그들은
하느님의 사람을,
예언자를,
어쩌면 그리스도를 보았다.

그러나 사람들을 감동시킨 것은
그분의 말씀만이 아니었다.
오히려 그분의 살아가는 방식에 의하여,
그에게서 피어나는 사랑과 밝은 빛에 의하여,
그들은 더욱 크게 감동되었다.
그에게는 위선이 없었고,
겉 다르고 속 다른 메시지가 없었다.
그분은 당신의 말씀대로 사셨다.
그의 말은 머리가 아니라 당신의 삶에서 나오는 것이었다.

그가 관심하신 것은 관념이나 제도가 아니라
사람들, 개별적인 사람들이었다.
끊임없이 그분은 아픈 사람들을 돌보셨다.
사람들이 병을 고치려고 멀리서 그분을 찾아왔다.
그는 연민, 선, 친절의 인간이었고
그러면서도 권위를 잃지 않았다.
하나의 진실이, 하나의 빛이,
그에게서 뿜어져 나왔다.
그분은 위선을 참을 수 없었고
재물과 권세를 얻고자 하느님의 이름을 도용하는 자들을
그냥 두고 볼 수 없으셨다.

갈릴래아 가나 마을 가난한 두 집안의 혼인잔치에서,
그분은 난처해진 집안사람들을 구해주려고,
하느님 나라가 혼인잔치라는 사실,
그리고 우리의 맹물 같은 인생을
맛 좋은 포도주로 바꿔주고
우리의 초라한 인생을
하느님 안에서 하나 됨의 황홀한 새 인생으로
바꿔주기 위하여
당신이 세상에 오셨음을 보여주고자,
맹물을 포도주로 바꿔놓으셨다.

이런저런 사람들이 이런저런 이유로,
그렇게 예수한테로 끌어당겨졌다.

많은 사람이 메시아를,
이스라엘 왕국을 회복하고
인간들의 깨어진 가슴을 치료하여
그들에게 자유를 안겨주고자
"장차 오기로 되어 있는 분"으로, 기다리고 있었다.
예수가 바로 그 메시아였던가?
많은 사람이 아픈 몸을 끌고,
깨어진 가슴을 안고 그분께로 왔으나,
육신의 치유가 마음과 삶의 치유로 이어지기를 바라는
그분의 뜻을 헤아리지 못한 채였다.

그런가 하면, 호기심으로 또는 병 낫는 것을 보려고
예언자를 만나러 온 사람들도 있었다.
이유를 모른 채 예수에게로 끌어당겨진 사람들도 있었고,
아이처럼 천진하게 구경 온 사람들도 있었다.
냉소적인 사람들도 있었고
슬프고 외로워서 울다가 온 사람들도 있었다.
예수는 그들 모두의 중심에 무엇이 있는지를 아셨다.
로마군에 점령당한 세상,
부패하고 타락한 세상에서 나오라는

그분의 부르심을 받고 온 사람들도 있었다.
주님은 그들을 사랑으로 부르셨다.
그들은 죄의식에 사로잡혀,
레위처럼,
악착같이 돈을 모으며
뒤죽박죽 인생을 살고 있었다.
물론 그들은 성전에서 추방당했고, 스스로
하느님에 의하여 하느님한테서 쫓겨났다고 생각했다.
예수께서 그들에게 사랑으로 다가가셨다.
그 사랑이 그들을 바꿔놓았고
그들의 장벽을 무너뜨렸고
그들 안에 잠재되어 있던 생명과 사랑의 기운을
새롭게 불러일으켰다.
예수와의 만남이 그들을 해방하였다.
그들이 그를 따르기 시작했다.

예수는 여인들과 특별한 관계를 맺으셨다.
예수께서 당신의 깊은 비밀을 드러내어 보여주신 곳은,
복음서에 등장하는
가난하고 비참한 여인들 가운데 하나인
사마리아 여인,
다섯 남자와 살면서 나쁜 평판에 시달리던 여인과
은밀한 대화를 나눈 야곱의 우물가였다.(요한 4)

만일 그분이 주시는 물을 받아 마신다면
그녀 안에서 그 물은
"영생을 주는 샘물"로 바뀔 것이다.
물이, 생명의 물이, 그녀한테서 솟아나
다른 사람들을 살리는 생명의 근원이 되는 것이다!
예수는 당신이 메시아인 것을,
오기로 되어 있었고
지금 여기에 와 있는 메시아인 것을,
바로 그 여인에게 보여주셨다.
그 여자 아닌 다른 사람들에게는
당신의 비밀을 몸소 밝히지 않으셨다.
그 여인에게
특별한 방식으로 당신의 힘을 넣어주신 것이다.
대화를 마치고 사마리아 여인은
급히 마을로 돌아가 사람들에게 알렸다.

"나의 지난 일을 다 알아맞힌 사람이 있습니다.
같이 가서 봅시다.
그분이 그리스도인지도 모르겠습니다."

마을 사람들이 그분에게로 가서 뵙고,
예수가 구세주이심을 믿게 되었다

그분은 막달라 여자 마리아를 특별히 사랑하셨다.
로마군 주둔지의 마리아,
그녀는 사창가의 제물이었던 듯하다.
예수는 그녀를 부르시어
당신의 아끼고 사랑하는 제자로 삼으셨다.
마리아는 오빠 라자로를 죽은 지 나흘 만에 무덤에서 살려낸
예수의 발과 머리에 값진 향수병을 깨뜨려 부은
바로 그 여인이다. (요한 12)
(두 사람을 동일 인물로 보지 않는 학자도 있지만, 나는 오랜 전설과
최근 성서학자들의 견해를 좇아 둘을 같은 마리아로 본다.)

유다와 다른 제자들은
그녀가 아까운 돈을 낭비했다고 화를 내었다. (마태오 26)
(그날 쏟은 향유 값을 계산하면 노동자 일 년 임금이라고 한다.)
과연 그들이 화를 낸 이유가
가난한 이들에 대한 관심 때문이었을까?
혹시 비천한 여인이 스승의 관심과 사랑을 차지하는 바람에
자기들이 따돌림받는다고 생각했기 때문은 아니었을까?
예수는 단호하게 그녀를 편들어 말씀하신다.

"이 여자는 나에게 갸륵한 일을 했는데 왜 괴롭히느냐?
가난한 사람들은 언제나 너희 곁에 있겠지만
나는 너희와 언제까지나 함께 있지는 않을 것이다.

이 여자가 내 몸에 향유를 부은 것은
나의 장례를 위하여 한 것이다.
나는 분명히 말한다.
온 세상 어디든지 이 복음이 전해지는 곳마다
이 여자가 한 일도 알려져서
사람들이 기억하게 될 것이다."(마테오 26)

게다가,
예수께서 부활하신 뒤에
당신 모습을 처음 보여주신 사람이
바로 이 마리아다.
그분은 그녀에게,
가서 형제들에게 당신의 부활을 알리라고
말씀하신다.
뒤에 그분은 그녀의 말을 듣고 믿지 않은
남자 제자들을 꾸중하신다.(마르코 16)

복음서는 말한다.
예수께서는 마르타와 마리아와 라자로를 사랑하셨다고.
(요한 11)

그분은 가끔 당신을 이해 못 하는 남자 제자들을 떠나
마리아 자매한테로 가시어

거기서 얼마 동안 휴식을 취하신 듯하다.
복음서는 그들을 가리켜,
예수를 은밀히 돕고 섬긴 갈릴래아 여인들이라고 부른다.
그들은 마지막 순간까지 예수를 가까이에서 모셨다.

복음서에서 여자들은
특별한 위치를 차지하고 있다.
그들이 남자들보다
예수를 더 잘 이해했던 것 같다.
남자들이 예수 그분보다
메시아 프로젝트에
더 많은 관심을 두었기 때문이었을까?
아니면,
자기들을 드러내고 조직하기 위하여
그분과의 깊은 교제를 어느 정도
꺼렸기 때문이었을까?
그것도 아니면,
여자들이 사랑의 본질에 더욱 친숙했기에
예수께서 그들을 부르시어
남자들에게 중재자로 보내셨던 것일까?

막달라 마리아와 사마리아 여인,
둘 다 남자들에게 보내어져서

그들에게 용기를 주고 믿음을 보여주었다.

'말씀'이 먼저 마리아에게 오시어,
그녀 자궁에서 몸으로 되셨고
세상에 나가 일을 시작하기까지
나자렛 마을에서 특별한 관계를 맺으셨다.
이 거룩한 어머니 마리아 또한
하느님과 사람들 사이를 이어주는 중재자였다.

예수께서는 당신을 따르는 자들 가운데 열둘을 뽑으시어,
그들로 하여금,
당신과 함께하고
특별한 방법으로 변화되어
당신의 친구요 동료가 되게 하셨다.
그리고 그들을 '사도'라 부르셨으니
이는 그리스말로 "보냄을 받은 자"라는 뜻이다.
당신이 아버지의 보냄을 받으셨듯이,
열두 사도를 세상에 보내시어,
가난한 이들에게 복된 소식을 전하고
억압받고 갇힌 이들을 해방하게 하셨다.
그들은 예수를 따르기 위하여
직업, 재산, 땅, 가족에 사회적 평판까지
자기들에게 있던 것을 모두 버렸다.

그들 가운데는,
나자렛에서 온 예수를 믿지 않고,
그분을 "가짜 예언자들 가운데 하나"로 본
가족이나 친구들로부터
조롱과 비난을 받은 자들도 있었으리라.

열두 제자들 가운데
베드로, 안드레아, 야고보, 요한은 어부였다.
마태오는 세리였고,
나타나엘(또는 바르톨로메오)은
상당한 지식을 갖춘 사람이었던 듯하다.
그러나 그들 가운데 아무도
랍비가 되기 위한 교육과 훈련을 받지는 않았다.
그들은 저마다 독특한 성격이었고,
나름대로 단점과 장점이 있었다.
처음에 그들은 조용히 예수를 따랐다.
그러다가 차츰,
그분이 세상에 미치는 영향을 보게 되었다.
이스라엘 전역에서 사람들이
그분의 말을 듣고
병 고침을 받으러 모여들었다.
그러자 그들의 생각이 조금씩 달라지기 시작했다.
마침내,

장차 그분이 이스라엘 왕국을 회복하면

자기들이 정권을 잡을 것이라고 믿게 되었다.

그들은 서로 다투기 시작했다.

"우리 가운데 누가 으뜸가는 제자인가?"

저마다 그 자리를 차지하고 싶었다

야고보와 요한의 어머니는 예수를 따로 만나,

당신 왕국의 좌우 높은 자리에

두 아들을 앉혀달라고 부탁했다. (마태오 20)

이를 안 다른 제자들은 화가 나서 그녀에게 항변했다.

모두 우리와 똑같은 인간이었던 것이다.

당시 이스라엘의 다른 모든 사람들과 마찬가지로,

그들은 메시아가 누구고

그가 무슨 일을 어떻게 할 것인지에 대한

자기들 나름의 견해가 있었다.

그들은 스승의 대단한 영적 능력에 깜짝 놀랐고

자기네가 그분 왕국에서

한몫을 차지하게 되었다는 사실에 흥분하였다.

어떤 점에서,

예수를 따르는 것은 일종의 신분상승(promotion)이었다.

그들은 예수께서 자기들을 빈손으로 파송하실 때

그 영적 능력을 경험하였다. (루가 9)

"아무것도 지니지 말고 가서

병자들을 고치고
악령 내쫓는 불가능한 일을 하여라.”

그런데 그대로 된 것이다!
실제로 그들은 예수 이름으로 병자들을 고쳤다.
자기네 가난함과 나약함으로부터 솟아나온
엄청난 능력에 스스로 놀라지 않을 수 없었다.
그들은 예수가 일으킨 기적들에 경탄했다.
바다와 바람까지도 그분 명령에 복종했던 것이다!
그렇다, 그들은
능력 있는 예수를 받들어 모셨고,
그런 분과 함께 있어서,
그분의 인정을 받고
그분이 펼쳐나가는 신기한 하느님의 계획에
동참할 수 있어서, 행복하였다.

예수께서 열두 제자를 뽑으신 것은
당신이 세상에 머무르실 때가
얼마 남지 않았음을 아셨기 때문이었다.
(그들은 몰랐다.)
그분은 당신이 남겨놓으신 일을 감당할 수 있도록
그들을 준비시키고자 하셨다.
맡겨진 양들을 잘 돌보는 목자가 되고,

전 세계의 가난한 이들에게 복된 소식을 전할 수 있도록
그들 각자에게 당신의 성령을 부어주려고 하셨다.
그들은 당신 양떼를 먹이라고 세우신
베드로 반석을 중심으로
같은 몸의 지체가 되어
하느님 백성에 속한 하나의 공동체를 이루어야 했다.

예수는 당신 제자들을
말씀으로
생각으로
성경공부로
가르치기도 하셨지만,
그보다는 그들과 함께 살고
함께 걸으면서
그들의 모델이 되어
그들을 바꿔놓으셨다.
그분은 그들을 사랑하셨고
그들도 그분을 사랑하였다.
그리하여 그들은 자연스럽게 그분한테서 배웠고
그분이 하신 대로 따라 하게 되었다.
그분은 제자들에게 복음대로 사는 법,
아버지를 신뢰하고
일상의 작은 사건들 속에서

하느님의 뜻을 읽고 따르는 법을 가르치셨다.
하느님에 관한 관념들이 아니라
하느님을 믿어 의지하는 것이 믿음이요,
매일 겪는 아름다운 일과 아픈 일들을 통하여,
자신의 약함과 가난함이 드러나는 경험들을 통하여,
그 믿음이 자라는 것을 몸소 보여주셨다.
또한, 끊임없이 깊어지는
가슴과 가슴 사이의 교제 같고
대화 같은 것이 믿음임을 보여주셨다.

예수는 그들에게
어떻게 살고,
어떻게 사랑하고,
어떻게 가난한 이들을 환영하고,
어떻게 힘없는 이들의 친구가 되고,
어떻게 로마 군인들과 매춘부들까지 포함하여
여인들, 나그네들, 죄인들, 세리들의 편에 설 것인가,
그 본을 몸소 보여주셨다.
그들은 그분한테서,
어떻게 단순하고 가난하게 살 것인지,
매 순간 모든 상황에 자기를 열어놓고,
아버지의 뜻을 받아들이고,
딱딱한 법조문이 아니라

사랑의 법을 동기로 삼아 움직일 것인지를 배웠다.

벌판길을 걸으면서 그분은
하느님의 중심(heart)과 하나로 된 당신의 중심을,
만물이 하나 되어 사랑하고 노래하는
자연의 아름다움과 조화로움에
감추어져 있는 당신의 중심을, 그들에게 가르치셨다.
그분에게는 정해진 교육 프로그램이 없었다.
공중의 새,
들의 백합,
양떼와 목자,
밀밭,
씨 뿌리는 농부들을
사랑과 기쁨으로 바라보면서
그때그때 제자들을 가르치셨다.
예수한테서는 그들이 보고 만지고 듣는
자연, 우주, 성경, 예언자들의 말,
기타 모든 것이 살아나 하나로 통일되었다.
그분의 가르침은 개념과 법조문어 갇히지 않았고,
새들의 노래,
가난한 이들의 부르짖음에서 솟아나왔다.
그분의 말씀과 현존을 통하여
그들의 몸,

그들의 마음,
그들의 가슴,
그들의 믿음,
하느님에 대한 그들의 지식,
자연과 인간에 대한 그들의 사랑이 모두 하나로 통일되었다.
그들이 예수와 함께 걸을 때,
모든 것이 분명해지고 쉬워졌다.
무엇보다도 그분이 그들을 사랑하시되,
한 사람씩 독특한 방식으로 사랑하셨기 때문이다.
제자들은 저마다,
자기가 예수에게 특별한 존재인 것을 느꼈다.
그분은 그들 하나하나의 장점과 단점을 알고 계셨다.
그들이 지치거나 아플 때면
그분은 더욱 자애롭고 부드러워지셨다.
마지막 순간에 그분은 이 사실을 그들에게 털어놓으셨다.

"아버지께서 나를 사랑하시듯이, 나도 그대들을 사랑한다."

그렇다, 모두가 그것을 알고 있었다.
그들은 이 사랑의 품에 안겼고,
그들 안에 있는 빛과 사랑이
그분의 진실한 사랑 안에서 밖으로 표출되었다.

그들이 예수와 함께 있는 동안
모든 것이 단순하고 쉬웠다는 말은 아니다.
자기들한테서 지금 무슨 일이 일어나고 있는 건지를
그들이 모를 때도 많았다.
그들이 볼 때,
중요한 인물들이 스승을 만나려고 기다리는데
웬 여자들이 아이를 안고 와서
스승을 "성가시게" 하려기에
그것을 말렸을 뿐이었다.
그런데 오히려 그분은 화를 내며 꾸짖으셨다.
당신이 장차 고난당하고 죽게 되리라는 말씀에
그럴 수 없다고 베드로가 막았을 때에는
무섭게 가차 없이 화를 내셨다.
다른 사람도 아닌 베드로에게 그분이
"사탄아, 내 뒤로 물러서라!"고 격하게 반응하시는 것을
제자들은 도무지 이해할 수 없었다.
베드로가 누군가?
방금 전에 반석이라는 이름을 주겨
네 위에 내 교회를 세우겠다고 말씀하신
바로 그 제자 아닌가?
제자들이 누가 으뜸자리에 앉을 것인가를 두고
서로 다투었을 때에도,
예수는 그들을 나무라셨다.

제자들은 스승을 사랑했지만,
그분에 관하여 이해 안 되는 부분이 너무 많았다.
당신 몸이 빵이라고?
당신 피가 포도주라고?
도대체 무슨 말인가?
말도 안 되는 말처럼 들리는
그 바보 같은 말씀에
많은 추종자들이 그분을 등지고 떠났다.
예수는 떠나는 그들이 너무나 슬프고 아프셨다.
당신 가슴에서 솟아나는
심오한 비밀을 나눠 주려고 했는데
아무도 귀 기울여 듣지 않았고
이해하지 못했던 것이다.
예수께서는 몸소 뽑으신 제자들에게 물으셨다.
"그대들도 나를 떠나려는가?"(요한 6)
그 음성에 섞인 눈물을 모두 알았겠지만,
그러나 제자들은 그분을 이해할 수 없었다.

예수는 눈물을 글썽이며
슬프고 아파하신 때가 참 많았다.
뜨겁게 사랑했는데,
연인에 의하여 그 사랑이 거절당한 사람 같았다.

160

그런가 하면,
얼굴 가득 따뜻한 웃음을 담고서,
어린아이의 가난함과 천진함과 솔직담백함을
그윽이 바라보시는 때도 있었다.

그분은 언행 일체에 있어서 자유롭고 진실하셨다.
그 때문에 제자들은 그분을 사랑하였다.
그분은 한번도 대중의 인기를 얻으려 하지 않으셨다.
예컨대,
당신을 따르려면 부모를 미워하고,
자기 십자가를 지고,
원수를 사랑하고,
모든 것을 등져야 한다고 말씀하실 때에는
그 말투가 너무나 단호하셨다.
제자들은 그분을 존경하면서도 어려워했다.
그들은 그분을 사랑했다.
그러나 그분 다음 행보가 어디를 향할지 알 수 없었다.
그분은 언제나 기대 밖의 행동을 하셨다.

때로 그들은 스승한테 약간 화가 나기도 했다.
특히 자기들에게 휴식을 약속하시고는
군중들이 몰려드는 것을 내버려두셨을 때(마르코 6), 그랬다.
그들이 막다른 가장자리에 몰려 있는 것을

그분은 모르셨던가?
제자들끼리도 늘 편안한 것은 물론 아니었다.
누구보다도 조직적인 머리를 지닌,
(그래서 그가 재정을 담당했던 것일까?)
그래서 함께 지내기가 힘든 유다를 중심으로
긴장감이 맴돌았다.
어째서 예수는 문화와 배경이 같은 사람들을
제자로 선택하지 않으셨던가?
그랬더라면 함께 지내기가 훨씬 쉬웠을 텐데!

하지만, 예수가 그들을 부르신 것은,
당신을 중심하여 다른 많은 남녀 제자들을
핏줄보다 깊은 신앙 공동체로 만들기 위해서였다.
그것은 서로 보살펴주는 법을 배우고,
각자 자기 자리를 차지하여
받은바 은사를 실현하고,
자기들이 얼마나 깨어져 있고
남을 질투하고
힘을 추구하는 존재인지를 배우고,
서로 용서받고 용서하고
치료받고 치료해줄 필요가 있음을 깨달아 알고,
가난한 이와
불편한 이,

눈 먼 이들에게
자신을 끊임없이 열어주는 법을 배우는
그런 공동체였다.
안전을 위해 폐쇄된 공동체가 아니라,
모두가 자유와 사랑 안에서 성장을 돕고
서로 치유해주는 공동체,
서로를 버텨주고,
존재 자체로 복음을 선포하고,
하느님 사랑의 복된 소식을 전하는 이들을 배출하는
공동체였다.

당신을 따르고자 모든 것을 버린 이들을
예수는 사랑하셨다.
베드로는 그분을 따르고자
모든 것을 버린 자기에게
돌아올 보상이 어떤 것인지 알고 싶었다.

"나는 분명히 말한다.
누구든지 나를 위하여 또 복음을 의하여
집이나 형제나 자매나 어머니나
아버지나 자녀나 토지를 버린 사람은
현세에서 박해도 받겠지만
집과 형제와 자매와 어머니와

자녀와 토지의 복도
백배나 받을 것이며
내세에서는 영원한 생명을 얻을 것이다.
그런데 첫째가 꼴찌가 되고
꼴찌가 첫째가 되는 사람이 많을 것이다.”(마르코 10)

모든 것을 버리고 예수를 따른 사람들은
예수로부터 이 모든 것을 얻을 것이다.

“내가 이 말을 한 것은 내 기쁨을 같이 나누어
너희 마음에 기쁨이 넘치게 하려는 것이다.”(요한 15)

예수에 의하여 넘어진 사람들

많은 사람이 예수께로 와서 치유되었고
새 희망을 품게 되었다.
그런가 하면
그분으로 인하여 화가 난 사람들도 있었다.
예수는 그들을 넘어지게 하셨다.
그분은 부자들을 불편하게 만드셨다.

그분의 라자로와 부자 이야기는 틀림없이
많은 사람 속을 뒤집어놓았을 것이다. (루가 16)
라자로는 거지였고
나병환자처럼 다리에 부스럼이 덮여 있었다.
부자는 라자로의 굶주림을 무시한 채
호화판 잔치를 친구들과 즐겼다.
라자로가 죽어 평화의 땅으로 들어가
거기서 아브라함의 품에 안겼다.
때마침 부자도 죽었는데 그는 지옥으로 갔다.
이보다 분명한 메시지가 어디 있겠는가?

예수는 단호하게 말씀하셨다.

"그러나 부요한 사람들아, 너희는 불행하다.
너희는 이미 받을 위로를 다 받았다.
지금 배불리 먹고 지내는 사람들아. 너희는 불행하다.
너희가 굶주릴 날이 올 것이다.
지금 웃고 지내는 사람들아, 너희는 불행하다.
너희가 슬퍼하며 울 날이 올 것이다." (루가 6)

예수가 자기들에게 죄의식을 안겨준다고 생각해서
화를 낸 사람들이 분명 있었다.
예수께서 그들을 사랑하지 않거나

그들을 보살피지 않으신 게 아니다.
오히려 그 반대다.
그분이 원하신 것은,
그들의 가슴과 머리를 열어
재물에 대한 의존과 중독에서 벗어나게 해주고,
내면의 자유를 얻어,
나눔과 자비의 삶으로 나아가게 하려는 것뿐이었다.
자기를 재물과 계급의 울타리에 가두고
이른바 엘리트들 속에 숨는 것은 일종의 죽음이다.
궁핍과 고통으로 울부짖는 이들에게 손 내밀어
그들과 연대하기를 거절하고,
자기한테 있는 것을 없는 이들에게
나누어 주지 않는 것은 일종의 죽음이다.

예수는 예리고의 자캐오 같은 부자들에게
가진 것을 다 팔라고는 하지 않으셨다. (루가 19)
그분이 그들에게 요구하신 것은,
자신의 집과 가정을
가난한 이들에 대한 호의와 연민에 열어놓고
겁내지 말라는 것이 전부였다.
자기 가슴을 활짝 열어,
힘없는 이들과 가진 것 없는 이들한테서 숨지 말고
삶과 양식과 재물을 그들과 나누라는 것이었다.

그때 비로소 그들은 새로운 삶을 찾게 될 것이다.
하느님을 발견하고 복된 인생을 살 것이다.

그래서 그분은 바리사이파 사람에게 말씀하셨다.

"너는 점심이나 저녁을 차려놓고 사람들을 초대할 때에
친구나 형제나 친척이나 잘사는 이웃사람들을 부르지 마라.
그렇게 하면 너도 그들의 초대를 받아서
네가 베풀어준 것을 도로 받게 될 것이다.
그러므로 너는 잔치를 베풀 때에
오히려 가난한 사람, 불구자, 절름발이,
소경 같은 사람들을 불러라.
그러면 너는 행복하다.
그들은 갚지 못할 터이지만
의인들이 부활할 때에
하느님께서 대신 갚아주실 것이다."(루가 14)

하지만 너무나 많은 부자와 힘 있는 자들이 바뀌려 하지 않았다.
그들은 바뀌는 것을 원치 않았다.
가난한 자, 불구자, 소경들을 식탁에 초대하고 싶지 않았다.
그들을 통제할 수 없을까 봐, 그것이 두려웠던 것이다.
자신의 종교적 편견들에 스스로 갇힌 그들은
어중이떠중이 병자들의 악취와

거지들의 시끄러움을 견딜 수 없었다.
약자와 여인들의 지혜에 귀를 기울이려 하지도 않았다.
자기들을 혼란스럽게 하기는커녕 오히려 치켜세우는
대사제와 종교 지도자들의 기성질서에
그들은 편안함을 느꼈다.
그리하여 힘을 가진 자들과 사회의 엘리트들이
서로를 치켜세웠다.
더럽고 얼룩지고 교양 없는 무리들을 그들은 비난하였다.
아울러,
힘없는 자, 잊혀진 자, 내쫓긴 자들의 친구가 되어주고,
나병환자 몸에 손을 얹고,
사마리아인들과 다정하게 이야기를 나누고,
여자들 말에 귀를 기울이고,
천한 창녀가 눈물로 자기 발을 씻을 때 그냥 내버려두는
급진적 예언자를 그들은 비난하였다.

그런가 하면, 분노와 질투에 휩싸여 절망 속에서
자신의 운명과
하느님과
종교와
예언자들에게 성이 나 있는 가난하고 힘없는 자들 또한
예수로 인하여 심사가 불편하였다.
그렇다,

그들은 저항 대신 신뢰를 말하는 예수에게 화가 났다.
손에 무기를 들려주지 않는 예수,
자기네 방식으로 자기들을 편들지 않는 예수를,
그들은 외면하고 나아가 미워하였다.
그렇게 예수는,
자기들 방식에 스스로 갇혀서
방탕하게 살아가며
자기들을 하느님 법에서 잘라내고
사랑과 용서 따위에는
관심조차 주지 않는 남자와 여자들을
걸려 넘어지게 했던 것이다.

그분이 소유를 다 팔고 가난한 벗이 되어
자기와 함께 가자고 불렀던 자들,
사랑의 눈으로 바라보던 자들(마르코 10) 가운데도
그분에 걸려 넘어진 자들이 있었다.
그들은 자기 인생에 의미와 보람과 안정을 주는
재물, 가정, 사회적 지위, 체면의 상실을
선택할 수 없었고
받아들일 수도 없었다.
새로운 사랑과 더 깊은 신뢰의 불확실성 안으로
감히 들어갈 용기가 그들에겐 없었다.
그렇게 그분은 그들을 불편하게 만드셨다.

그들을 근심하고 슬퍼하게 하셨다.

예수에 걸려 넘어진 자들은
그분이 너무나 급진적인 이상주의자요
비현실적인 사람이라고 생각한 자들이었다.
어떻게 사람이 자기 재물을 가난한 자들과 나눈단 말인가?
어떻게 사람이 폭력을 쓰지 않는단 말인가?
어떻게 사람이 원수를 사랑한단 말인가?
어떻게 사람이 용서하고 또 용서한단 말인가?
어떻게 사람이 어린아이처럼 된단 말인가?
어떻게 사람이 그의 살을 먹고 피를 마신단 말인가?
묻고 또 묻고,
머리로 이해하고자 한 자들은
기다리기를 거절하였다.
그분의 가르침과 방식에 동의할 수 없는 자들은
믿고 따르기를 거절하고 돌아서서 떠나갔다.
그분의 새로운 메시지를 받아들인다는 것 자체가
말이 안 되고
불가능하고
위험한 일이라고 생각했다.
그들은 체제를 옹호하고 전통을 유지하고
종교적 권위에 의심 없이 복종할 필요가 있었다.

자신의 가난, 몰락, 죄,
도움이 필요한 처지를 인정하려 하지 않는 자들,
자기의 지식, 재산, 힘으로 문을 닫아걸고,
스스로 의롭다 여기며
남을 심판하고 정죄하는 자들 또한
예수에 걸려 넘어졌다.

어쩌면,
그에 걸려 넘어지지 않은 자가 없었다.
그분은 대중의 기대를 무너뜨렸고
그들의 분노를 자아냈다.
예언자가 대중의 분노를 사는 것은
오히려 자연스러운 일이다.

그분에게 걸려 넘어진 자들 가운데는,
안으로 상처를 부여안고
분노와 죄의식을 느끼면서도
문을 닫거나 달아나지 않고 기다린 자들이 있었다.
아픈 마음과 자존심 때문에
돌이켜 자기를 닫아버리고
예수한테서 멀리 떠나간 자들도 있었다.
그런가 하면, 어떤 자들은 한 걸음 나아가
예수와 그 추종자들을 해치고 죽이려 하였다.

무엇보다도 예수는 기성질서를 깨뜨리셨다.
사두가이파, 바리사이파, 율법학자,
대사제, 종교 지도자들이 그분에 걸려 넘어졌다.
그들이 전부 그랬던 건 아니다.
니고데모처럼,
그분의 메시지와 삶의 방식과
너무나도 분명히 드러난 하느님의 표적들에 감동되어
그분을 집에 초대한 자들도 있었다.
니고데모는 공개석상에서 그분을 옹호하다가
그 자리에 있던 자들로부터 공격을 당하기도 했다. (요한 7)
그들은 그분과 그분의 가르침에 자기를 열긴 했지만
대중이 자기를 그와 한통속으로 볼까 봐
그것이 두려웠다.
자기네가 속해 있는 제도,
무엇을 판단하고 결정하는 방식이 따로 있는
체제를 범할 용기가 없었다.
수백 년 세월에 걸쳐 많은 종교 단체들이 그러했듯이,
그들은 색다른 존재로 보이는 것이 두려웠고,
힘을 가진 기성체제로부터 소외당하며
비난받고 명예를 손상당하는 것이 두려웠다.
그들은 양심에 따라서
말하고 행동하는 것을 겁냈고,
그만큼 자신의 자유를 잃어버렸다.

그들 대부분이 예수에게 화가 났고,
그의 말을 들어보려고도 하지 않았다.
자기들 방식과 교리와 이념에 스스로 갇힌 것이다.
그들이 보기에, 예수는 메시아일 수가 없었다.
하느님께로부터 온 사람일 수도 없었다.
그는 기적을 행할 수도 없었다.
만일 행했다면,
틀림없이 대중을 속여 그릇된 길로 유도하려고
사탄의 힘을 빌렸을 것이었다.

그들은 예수의 말씀을 들을 수 없었고,
나무 열매로 나무를 안다는 말씀도 알아듣지 못했다.
예수의 열매인 그분의 삶과 일과
메시지를 보지도 않고서 정죄하였다.
그들은 편견과 오만으로 굳어져 있었다.
기성체제가 보호해주고,
종교적 특권의 거창한 옷차림 속에 감추어둔
자기들의 분노와 죄의식이 발각될 것을 두려워했다.

어떤 단체도,
제 안에서 예언자가 자라는 것을 좋아하지 않는다.
종교 단체도 마찬가지다.
예언자는 자기가 속한 단체가 보지 못하는 무엇,

새로운 길을 보여준다.
그는 자기가 속한 단체의
모자라고 무능하고 어두운 구석을 폭로한다.
때로는 그 단체가
처음 목적과 전망에서 벗어났음을,
자기 만족과 인간의 안전망으로 자기를 가두었음을,
초창기의 사랑과 열정을 잃었음을,
하느님에 대한 신뢰를 버리고
가난과 불안정을 겁내고 있음을, 크게 외친다.
그의 말은,
하느님의 현존과 도우심을 새롭게 부르는
성사(sacrament)와도 같다.

어느 단체든, 새로 등장하여
제 바탕의 권위를 허무는 예언자에게 겁을 먹고,
그를 의심하게 마련이다.
단체는 스스로 변하려 하지 않는다.
그 지도자들이 통제력을 잃을까 봐 두려워하기 때문이다.

예수 당시의 이스라엘 종교 지도자들이
그런 두려움을 느꼈다.
어쩌면 자기들의 위선과 내적 공허가 드러날 것을
무의식적으로 두려워했는지 모른다.

겉으로는 온갖 종교적 장신구와
하느님에 대한 지식을 두루 갖추었지만,
그들의 속은 텅 비어 있었다.
예수의 분명하고 거침없는 말씀에 따르던,
그들은 회칠한 무덤처럼
"탐욕과 죽은 뼈"들로 가득 차 있었다.

노골적으로 예수는 그들 안에 숨은 악을 드러내셨다.
많은 사람이 알면서도 감히 말 못 하고 수군거리던 것을
그분은 공개적으로 말씀하셨다.
그들을 가리켜,
천국 문을 닫아걸어 사람들을 들어가지 못하게 하고
저희도 들어가지 않는,
정의와 자비와 믿음같이 중요한 것들은 잊고서
사소한 예배의식과 십일조 따위를 강조하는,
뱀이라고,
독사의 자식이라고,
위선자에 눈 먼 인도자라고 하셨다. (마태오 23)
그들을 향해 큰소리로 열변을 토하셨고
당신이 만든 비유들로 그들의 속을 뒤집어놓으셨다.
예리고로 내려가는 길에서
강도를 만나 죽어가는 사람을 보고도 못 본 척하는
사제와 레위 사람이 비유에 등장한다. (루가 10)

그들은 피 흐르는 상처에 손을 대었다가
자기 몸이 불결해지는 것을 겁냈던 것이다.
그런데 이교도요 저주받은 족속인
사마리아 사람 하나가
걸음을 멈추고 죽어가는 사람을 돌봐준다.
비유의 메시지는 분명하다.
어떤 사람이 사제라서,
법이 정한 예배의식을 집행하는 사람이라서,
그래서 하느님께 가까운 것이 아니다.
사랑과 열린 자세로
궁지에 몰린 이웃을 돌보는
그 사람이 하느님께 가까운 사람이다.
첫 번째 계명이
마음과 뜻과 정성을 다하여 하느님을 사랑하고
이웃을 자기 몸처럼 사랑하라는 것이다.
그것이 토라(율법)의 중심이다.

바리사이파 사람과 세리의 비유도 마찬가지다.(루가 18)
바리사이파 사람은 성전 앞에 서서 두 팔을 들고,
자기가 얼마나 율법을 잘 지켰는지,
무슨 선행을 하였는지, 큰소리로 말하며
한 걸음 나아가,
자기가 남들, 특히 세리들과 다른 사람인 것을 감사한다.

한편 세리는 성전 뒤편에 멀리 떨어져서
감히 눈을 들어 하늘을 쳐다보지도 못한 채,
가슴을 두드리며 애원한다.
"오, 하느님. 이 죄인에게 자비를 베푸소서!"
그런데,
그날 하느님께로부터 의롭다고 인정받은 사람은
바리사이파 사람이 아니라 세리라고, 예수는 말씀하신다.
그들이 예수를 없애려고 한 것은 하나도 이상한 일이 아니다!
그들의 영향력과 권력을 위협하는 존재였던 주님은
그들의 보이지 않는 속사람이 얼마나 빈약하고
일그러져 있는지를 그대로 드러내셨다.

바리사이파 사람들과 서기관들은,
다른 자리에서,
예수를 메시아로 인정할 수 없다고 했다.
이유는 그가 갈릴래아 출신이기 때문이라는 것이었다. (요한 7)
유대 지방과 예루살렘에서 온 사람들은
자기들보다 율법을 지키는 일에
덜 열심인 갈릴래아 사람들을 업신여겼다.
예수는 체제 안에서 성장한 사람이 아니었다.
그들의 기준으로 볼 때 그분은,
도무지 배운 게 없는 아웃사이더였다.
게다가, 안식일(하느님께서 법으로 내리신!)을 어겼으니

더욱이 메시아일 수 없다는 것이었다. 왜냐하면,
왜냐하면……
왜냐하면……
그들은 기회만 있으면 그분을 함정에 빠뜨리려 하였고,
그분이 모세의 충실한 제자가 아니기 때문에
메시아일 수 없다는 사실을
스스로에게,
그리고 일반 대중에게, 입증코자 하였다.
그들은 그분이 메시아이기를 바라지 않았다.
자기들 체제와 권력을 위협하는 존재였기 때문이다.
무엇보다도 그분이,
자기가 하느님과 동등한 존재라고,
그러니까 자기가 하느님이라고 말했던 것이다.
이는 사형에 처할 만큼
엄청난 신성모독이라고 그들은 떠들어댔다.

우리네 인간이란 엄연한 현실을 부인하고,
이미 와 있는 현실을 거절하고,
제 생각, 논리, 편견 따위로
자신을 닫아버릴 수 있을 만큼,
놀랍게 유능한 존재다.
우리네 인간은 있는 그대로의 현실에 자기를 열어놓고
거기서 솟아나는 지식을 찾는 일이 무척 어렵다.

우리는 현실이 자기가 생각하는 대로 이루어지기를 원하고,

있는 그대로 현실을 받아들이는 대신에

그것을 조작하고 싶어 한다.

당시의 많은 바리사이파 사람과 서기관들이 그랬다.

체제 안에서,

체제의 보호를 받으며,

체제가 주는 특혜를 누리고,

따라서 체제의 법과 질서에 충성하는 자들은,

눈앞의 현실을 쉽게 부인하고,

나무 열매로 나무 판단하기를 거부할 수 있다.

그들에게 예수는

체제의 바탕을 위협하는 위험인물이었다.

당시의 기성체제는 분명한 권력구조를 갖추고 있었다.

산헤드린, 대사제, 율법학자, 원로들이

맨 위에서 체제를 다스렸고,

바닥에는 율법을 배우지 못한 자,

교양이 없는 자,

얼간이, 원주민, 여자, 비천한 자,

병든 자, 미치광이, 불구자들이 있었다.

위는 부유하고 힘 있는 자들이,

아래는 가난하고 힘없는 자들이 차지하였다.

예수는 온갖 잡인들,

“창녀와 죄인들”을 포함하여,
비천하고 교양 없고 율법을 모르는 자들에게
매력 있는 인물이었고,
그들은 그를 예언자로 알고서
그에게로 모여들었다.
그런 자가 어떻게 메시아일 수 있단 말인가?

예수는 그들의 배를 흔들기 시작하였고,
그들의 체제와 가치관을 위협하였다.
목소리도 없고 힘도 없는 무리들이
자기들한테도 신앙의 권리가 있음을 알고
떠들기 시작하면,
바야흐로 세상이 뒤집어질 것이다.
가난한 자,
불구자,
죄인들은 제자리에 박혀 있어야 하고
여자들은 침묵을 지켜야 한다.
안 그러면 엄청난 사회문제가 발생할 것이다.
지도자들은 더 이상 사회를 통제하지 못할 것이고,
물론, 로마도 가만있지 않을 것이라고 그들은 생각했다.
(그리고 그 생각은 옳았다!)
빌라도와 그의 군대는 나라를 파멸하고
거기서 행세하던 지도자들로부터

모든 권리와 특혜를 몰수할 것이었다.
지도자들은 그런 일이 벌어지도록
그냥 두고 볼 수 없었다.
예수는, 죽여 없애지 않으면 안 될 만큼,
갈수록 위험한 존재로 되어갔다.

"온 민족이 멸망하는 것보다
한 사람이 백성을 대신해서 죽는 편이
더 낫다는 것도 모릅니까?"(요한 11)

대사제의 말은 옳았고, 그대로 되었다.

그런데, 어떻게 예수를 없앨 것인가?
황제의 대리인만이 사람 죽일 권세를 가졌는데,
어떻게 그를 죽일 것인가?
예수를 어떻게 체포할 것인가?
대사제들이 성전 경비대를 보내어
대낮에 예수를 체포하면
그를 하느님의 예언자로 알고 사랑하는
대중이 들고 일어날 것이다.
대사제들에겐
예수가 어디서 밤을 지내는지
그것을 알려줄 반역자가 필요했다.

그를 통해서
예수가 밤중에 어디 있는지를 알면
병사들을 그리로 보내어 잡을 수 있을 것이었다.

예수가 열두 제자들 가운데 하나로 뽑으신
가리옷 사람 유다가 그 반역자였다.
유다는 예수와 함께 걸으면서
그분의 말씀을 듣고
그분의 선행과 능력을 목격한 자였다.
그도 다른 제자들과 함께 예수의 사랑을 받았다.
하지만 그의 속에는,
예수에 대하여 불편한 반감이 숨어 있었다.
아무도 그가 예수를 배신하리라고는 생각 못 했다.

유다는 성전으로 가서 대사제들에게,
예수가 어디서 밤을 보내는지 일러주겠다고 말했다.
대사제들이 기뻐하면서 그에게
은전 서른 닢을 주기로 약속하였다. (마태오 26, 루가 22)

마지막 만찬을 나눌 때,
스승이 자기 발을 사랑과 겸손으로 씻어주자
유다는 곧 예수를 떠났다.
사탄이 그의 속으로 들어갔다. (요한 13)

군인들이 그를 기다리고 있었다.
유다는 몰래 그들을 데리고
예수가 번민하며 기도하고 있는
게쎄마니 동산으로 갔다.(루가 22)
그가 예수에게 다가가 입을 맞추었다.
자기가 입을 맞추는 자가
그들이 없애려는 나자렛 사람 예수라고
일러두었던 것이다.

이렇게 입맞춤 하나로
유다는 스승을 배반하고
그분을 죽이려는 자들에게 넘겼다.
무엇이 그로 하여금
이토록 무서운 짓을 하게 만들었던가?
오직 질투만이 사람을 그렇게 만들 수 있다.
지독한 질투심이 유다를 불태웠던 것이다.

그는 예수를 사랑했고 미워했다.
그는 자기 자신을 위하여 존재하는 예수를 원했다.
그분에게 자기가 유일한 존재이기를 원했다.
아버지를 애타게 부르면서
아버지가 용납되지 않는 아들 같았다.

유다는 분명
마리아와 마르타 자매를 질투했다.
베다니아에서 보여준
그의 태도가 이를 암시한다.
그는 마지막 만찬 자리에서
스승 가슴에 얼굴을 기대었던
예수의 "사랑받는 제자" 요한에게도
심한 질투심을 느꼈다.
그는 자기가 특별한 존재임을 증명하고 싶었다.
예수가 정치적으로 종교적으로 성공하도록 도와줄,
없어서는 안 될 유능한 지원자가 되고 싶었다.
그는 유약한 예수,
자애로운 예수,
아무하고나 어울리는 예수를 원치 않았다.
유다는 속에 앙심을 품고서,
있는 그대로의 예수를 신뢰할 수 없었던,
심하게 부서진 인간이었다.
앙심은 사탄이 즐거워하는 토양이다.
앙심 안에서 질투, 증오,
악의 책동을 받은 무서운 행동이 나올 수 있다.

일단 배신의 비열한 행동을 저지르고 나자
유다는 다른 사람들은 물론

자기한테서도 버림을 받고
분노와 죄의식으로 병든
외로운 자기를 보게 되었다.
결국 그는 나무에 목을 매어
스스로 목숨을 끊고 말았다. (마태오 27)
그러나 밧줄이 목을 죄고 다리가 허공에 흔들릴 때
아마도 그는
눈물 글썽한 예수의 얼굴에서
연민과 용서를 떠올렸을 것이다.

| 4 |

고통과 초라함 속으로 내려가는 예수

때가 되매 예수는 더욱더 나약함의 옷을 입고,
고통과 초라함의 밑바닥으로 내려가셨다.

필립비교회에 보낸 편지에서 바울로는,
아마도 초기 그리스도인들이 불렀을
찬미의 몇 구절을 인용한다.

"그리스도 예수는 하느님과 본질이 같은 분이셨지만
굳이 하느님과 동등한 존재가 되려 하지 않으시고
오히려 당신의 것을 다 내어놓고
종의 신분을 취하셔서
우리와 똑같은 인간이 되셨습니다.
이렇게 인간의 모습으로 나타나
당신 자신을 낮추셔서 죽기까지

아니, 십자가에 달려서 죽기까지 순종하셨습니다." (필립비 2)

예루살렘에서 위험이 기다리고 있는 줄 알면서도
예수는 어디로 숨거나
갈릴래아로 피신하지 않으셨다.
온유하면서 죄 없는 그분은
악의 세력에 스스로 포박당하시고
험상궂은 병사들이 끄는 대로 끌려가셨다.

그분이 당신 나라에 오셨지만
당신 백성은
자기들이 기대한 모습을 보여주지 않는
그분을 받아들이지 않았다.
부드럽게 용서하는 사랑,
어린아이처럼 되라는 조용한 권면,
나약하게만 보이는 비폭력,
꼴찌 자리를 차지하라는 가르침은
단단한 시멘트 벙커와도 같은
권력체제에 의하여
난폭하게 밀쳐질 수밖에 없었다.
여기,
서로 마주하는 양극이 있다.
사랑과 부드러움과 진실을 호소하는

순결한 어린아이가 이쪽에 있고,
분노,
거짓,
교만,
편견,
증오,
어둠,
두려움 그리고 무엇보다도
자기가 옳다는 확신으로 무장된 체제에 갇혀 있으면서
돌처럼 굳어진 가슴의 어른들이
겁에 질린 모습으로
저쪽에 있다.

예수 안에 있는 빛,
그가 말씀하시는 진리가
우리 각자 안에 있는 거짓의 어둠을 밝힌다.
그분의 온유한 사랑은 우리의 폭력을 드러내고,
그분의 깨끗함은 우리의 더러움을 드러내고,
그분의 겸손한 방식은 우리의 거친 반응을 자아낸다.
힘 있는 메시아가 출현하여
세상을 해방하고
지상천국을 세우리라는
사람들의 기대에 부응하지 않았기에

그분의 존재 자체가 실망이었다.
"그가 우리를 속였다!"
불과 며칠 전에,

"호산나, 다윗의 아들!"

이라고 만세를 부르던 군중의 가슴이
분노와 증오로 출렁거렸다.
그리하여,

"십자가에 못 박아라! 십자가에 못 박아라!"

하고 소리 지르게 되었다.

예수는 사람들 가슴속에 있는
어둠, 죄, 악을 드러내신다.
사람들로서는 견딜 수 없는 일이다.
그래서 그들은 그분을 비난하고
그분에게 고함을 지르고
자기네 악을 감추면서
오히려 그것들을 그분에게 뒤집어씌운다.
그렇게 그분을,
자기네 악을 대신하여 죽는 희생양으로 만드는 것이다.

예수는 어둠으로 가득 찬
실패와 포기,
나약함과 비천함의 구렁에 던져졌다.

그분이 몸소 뽑아서
갈릴래아 골목길을 함께 걸으며
새사람으로 만들고자 하셨던 동료들은
당황하여 겁을 먹고 뿔뿔이 도망쳤다.
'반석'이라는 이름을 얻은 베드로는
땀을 흘리고
소리를 지르며
세 차례나 거듭 말했다.
"나는 이 사람을 모른다!"(마태오 26)

그가 알고 따랐던 사람은
힘 있는 예수,
기적을 일으키는 예수,
산꼭대기에서 눈부신 빛으로 몸을 바꾸는 예수였다.
그의 희망은,
하느님의 보내심을 받아,
선과 악의 싸움에서 승리하고
(물론 악은 로마에 있었다.)
이교도를 거룩한 땅에서 몰아내어

선택된 민족의 위엄과 열정과 희망을 회복하고
이스라엘 왕국을 재건하는 능력의 메시아에 있었다.

그러나 이제 모든 것이 끝났다.
예수는 싸움에서 졌고,
앞서 왔던 다른 사람들과 마찬가지로
역사의 지평에서 사라질 것이었다.
베드로의 내면세계는 무너졌고
그 대신 번민과 자포자기가 살아났다.
그는 혼란 속으로 떨어졌다.
그래서 발악하듯이 소리친 것이다.
"나는 이 사람을 모른다!"
실로 그분은
자신의 모든 것을 내어맡기고 따르던
능력의 메시아,
전능하신 분의 종,
승리하는 왕이 아니었다.
베드로는 도무지 이해가 되지 않았다.
스승이 자기를 희롱한 것 같기도 했다.
그에게 온유함은 비겁함일 뿐,
다른 의미가 없는 것이었다.
사나이란 겨루고 싸워서 이기기 위한 존재요,
가장 좋은 것은 언제나

하느님의 힘을 입어 승리하는 것이다.
이사야가 말한 하느님의 고난당하는 종을,
그 비천하고 겸손한 종에 대한
예언자의 감추어진 메시지를,
베드로는 이해할 수 없었다.

"그는 온갖 굴욕을 받으면서도
입 한번 열지 않고 참았다.
도살장으로 끌려가는 어린 양처럼
가만히 서서 털을 깎이는 어미 양처럼,
결코 입을 열지 않았다."(이사야 53)

그는 실패와 불명예를 견딜 수 없었다.
그래서 상처 입은 가슴을 안고 도망쳤다.
어떻게 실패가 성공을 준비한단 말인가?
죽음이 생명을 가져온다고?

하지만 자연에서는 떨어져 썩는 낙엽,
인간과 동물의 배설물,
거절당하고 소멸되어가는 것들이
땅을 기름지게 하고 생명을 살린다.
으깨어진 포도가 술로 바뀌고
가장 더러운 것이 가장 깨끗한 것으로 바뀌듯이

가장 심하게 배척당한 것이
가장 값진 것으로 바뀐다.
예수도 말씀하셨다.

"정말 잘 들어두어라.
밀알 하나가 땅에 떨어져 죽지 않으면
한 알 그대로 남아 있고
죽으면 많은 열매를 맺는다."(요한 12)

예수는 나약함, 겸비함,
버림받음의 어두운 땅으로 내려오신다.
거기서 그분은 많은 열매를 거두실 것이다.

예수의 나약함은 그 몸에만 있지 않았다.
그분의 존재 자체가
뿌리부터 산산조각으로 부서졌다.
잡히시기 전날 밤,
그분은 측근 제자 셋을 따로 데리고
예루살렘 성 가까운 올리브나무 동산으로 가셔서,
당신과 함께 깨어 기도하자고 부탁하셨다. (마르코 14, 루가 22)
안으로 파고드는 아픔과 슬픔에 절고
번민에 휩싸여
온몸에서 땀을 핏방울처럼 흘리며

그분은 눈물로 기도하셨다.

"아버지, 아버지의 뜻에 어긋나는 일이 아니라면
이 잔을 저에게서 거두어주십시오.
그러나 제 뜻대로 하지 마시고 아버지의 뜻대로 하십시오."
(루가 22)

그분은 거절당하고
버림받고
하던 일이 좌절되는
고통을 견딜 수 없어,
힘을 달라고 부르짖으셨다.
쓸쓸하고 초라한 모습의 예수가
사랑을 호소하면서
그 사랑에 자기를 무릎 꿇리고 있었다.

병사들은 예수를 총독관저 뜰 안으로 끌고 들어가서
전 부대원을 불러들였다.
그리고 예수께 자주색 옷을 입히고
가시관을 엮어 머리에 씌운 다음
"유대인의 왕 만세!" 하고 외치면서 경례하였다.
또 갈대로 예수의 머리를 치고
침을 뱉으며

무릎을 꿇고 경배하였다.
이렇게 희롱한 뒤에 그 자주색 옷을 벗기고
예수의 옷을 도로 입혀서
십자가에 못 박으러 끌고 나갔다. (마르코 15)

병사들은 예수의 나약함을 조롱하고
매질을 하면서
그의 고통을 즐겼다.

그렇게 그분은 십자가 위에서
찢기고 피에 젖어
헐떡이는 알몸으로
호기심 어린 자들 앞에 노출되셨다.
바리사이파 사람들과
율법학자들은
고통에 몸부림치는
예수의 벌거숭이 몸을 올려다보며
빈정거리고 조롱하였다.
그들이 이겼다.
그들은 강자였다.
예수가 졌다.
승자가 패자를 마음껏 조롱하며 비웃어댔다.

대사제들과 율법학자들과 원로들도
"남은 살리면서 자기는 못 살리는구나.
저 사람이 이스라엘의 왕이래.
십자가에서 한번 내려와보시지.
그러면 우리가 믿고말고.
저 사람이 하느님을 믿고
또 제가 하느님의 아들입네 했으니
하느님이 원하시면 어디 살려보시라지."
하며 조롱하였다. (마태오 27)

그러나 그분은 입을 열지 않으셨다.
다만 눈물을,
조용한 눈물을,
소리 없이 흘릴 따름이었다.
그리고 기도하셨다.

"아버지, 저 사람들을 용서하여주십시오!
그들은 자기가 하는 일을 모르고 있습니다."(루가 23)

고통이,
그 엄청난 고통이,
나무에 못 박힌 몸의 무게와 더불어
숨조차 편히 쉴 수 없게 하였다.

겨우 숨을 조금 들이마셨다가
못 박힌 손발을 떨면서
토해내어야 했다.
그러다가 질식될 것만 같은 고통이었다.

자기한테 실망한 동지들로부터 배반당하고,
실오라기 하나 없이 벌거벗긴 몸으로
예수는 당신 어머니 마리아를 내려다보신다.
그녀는 아들이 자기 뱃속에 잉태되던 날부터
마지막 순간까지 평생 함께 있었다.
그녀는 거기 서서,
자신의 나약함을 부여잡고
신뢰와 자비와 사랑 안에서
자기를 온통 아버지께 바친,
그래서 지금 십자가에 못 박혀
헐떡이고 있는 아들의
부서지고 상처 입은 벌거숭이 몸을 올려다본다.
아들의 찢어진 가슴으로
그녀의 찢어진 가슴이 녹아들었다.

예수는 궁극의 사랑으로,
당신 어머니 성결한 여인에게
마지막 인사를 건넨다.

이제부터 자기를 보지 말고,
자기 대신 요한을 보라고 하신다.

"어머니, 이 사람이 어머니의 아들입니다."

그리고 요한에게 말씀하신다.

"이분이 네 어머니시다."(요한 19)

어머니가 사랑받은 제자에게 눈길을 돌리자
예수는 혼자 몸이 되신다.
완전 혼자가 되어 부르짖으신다.

"목마르다!"(요한 19)
"엘리 엘리 레마 사박타니?"
"나의 하느님, 나의 하느님, 어찌하여 나를 버리셨나이까?"
(마태오 27)

그런 다음, 당신 영을 놓으신다.
마지막 한 번 더
고통과 번민의 외침과 함께
모든 것이 끝난다.
"이제 다 이루었다."(요한 19)

숨이 멎는다.
육신은 늘어지고
아무 움직임이 없다.
예수가 죽었다.

하느님의 합법적 대리인들에 의하여
신성모독죄로 저주받은 사람,
인간의 괴로움에 익숙한 슬픔의 사람,
늠름한 풍채도 멋진 모습도 보여주지 못한 채(이사야 53)
우리의 죄 때문에 찢겨진 하느님의 어린 양,
그가 하느님의 도성 예루살렘 밖에서
십자가에 못 박혔다.
그렇게 당신 목숨을 내주셨고
우리에게 생명을 주셨고
온 땅에 흘러넘치기를 기다리고 있던
물꼬를 터주셨다.
병사의 창끝에 찔린 그분 옆구리에서
물과 피가 흘러 나왔다. (요한 19)
온유한 구주,
어린 양,
그분은 당신 죽음을 통하여

세상에 생명을 주셨고
폭력세상을 부드러움과 용서의 세상으로 바꾸어,
악과 사탄의 힘을 정복하셨다.

그렇다.
그분은 사람이 할 수 있는 사랑의 모든 것을
끝까지 보여주셨고
당신 자신을 남김없이 내어주셨다.
그렇게 하느님의 사랑이 어떤 것인지를
우리에게 보여주셨다.

연민 어린 사람,
영적 능력의 사람이
무능한 사람,
연민 어린 사랑이 필요한 사람으로 바뀌었다.
가난한 이들에게 복된 소식을 알리고,
억눌린 이들의 자유와 해방을 선언한 사람이
포승에 묶인 슬픔의 사람으로 되었다.
성전에서
"목마른 사람은 누구든지 내게 와서 마시라"고
외치던 사람이
고통으로 몸부림치며 울부짖는다.
"목마르다!"

남을 고쳐주려고 온 사람이
절박하게 사랑받아야 할 처지가 되었다.
자비의 모델이자 스승인 분이
자비를 호소하고 있다.
생명을,
넉넉한 생명을 주러 오신 분이
잔혹한 아픔과 허무 속에서 죽으셨다.

사람들이 그분의 시신을
십자가에서 내려
못을 뽑고
어머니 마리아의 무릎에 올려놓았다.
가련한 어머니 마리아는
황홀한 잉태로 그분과 함께하였고
당신 안에서 육신이 되신 말씀을 품어 안았다.
아들이 당신 품에 안기려고
당신 몸을 떠나던 출생의 순간부터
그녀는 아들과 함께 있었다.
이제 그녀는 숨진 아들의 시신을
무릎으로 받아 안았다.
한 여인이 한 남자를
더없는 부드러움으로 껴안았다.
그의 성스런 몸을,

하느님의 성사(sacrament)를,
하느님께 드리는 자신의 선물을,
자기에게 주시는 하느님의 선물을,
그녀는 두 손으로 어루만졌다.

거기서 그녀는 기다린다.
자기의 사랑하던 아들,
하나뿐인 아들,
아버지의 사랑받는 외아들,
지금은 죽어서 자기 무릎에 쉬고 있는 아들을
그녀는 기다린다.
모든 것이 끝났다.
아무것도,
아무것도 남지 않았다.
군중은 흩어졌고
그의 동료들도
겁에 질려 도망쳤고
남은 건 비참, 좌절, 고뇌, 조롱
그리고 그녀의 어쩔 수 없는
사랑과 신뢰뿐이다.

그녀는 기다린다.
믿고 의지하며 기다린다.

아들은 세 번이나
자기가 많은 아픔을 겪고
죽임을 당했다가
사흘째 되는 날 다시 살아난다고
약속했던 것이다.

이 총체적인 실패와 좌절의 순간,
질투와 악의 권세가
종교 이름으로,
하느님 이름으로,
하느님의 살아 계신 말씀을 잠재워버린 순간,
그 약속에 무슨 의미가 있단 말인가?
그래도 마리아는 기다린다.

불쌍한 우리 인간들은
스스로 만든 감옥에,
자기를 마비시키는
절망과 닫힌 침묵에,
망설임과 분노 어린 저항에,
갈등하는 욕망들의 좌절에 갇혀 있다.
그러는 우리에게 그녀가
기다림을 가르쳐준다.

시신이 어머니 무릎을 떠나면서
예수는 내려가신다.
무덤의 어두운 밤,
그 침묵 속으로
내려가고 또 내려가신다.
큰 돌이 무덤 입구를 막았다.
사위가 고요하다.
모두 끝났다.

시므온이 예고한 대로
예리한 칼에 찢어진 순교자 마리아의 가슴을, (루가 2)
그녀를 어머니로 모시게 된
사랑받는 제자 요한이 고이 받아 안았다.

그녀는 기다린다.

제자들이 서로 말다툼하고
상처 입고 절망하며
혼란에 빠져 있을 때
유다는 밧줄로 목을 매었다.
베드로는 부끄러웠고,
모든 사람에게,
누구보다도 자기 자신한테,

화가 났다.
이제 그는 반석이 아니다.
제자들 가운데 둘은
티격태격하는 동료들을 등지고
엠마오로 향했다. (루가 24)

| 5 |

살아나신 예수

일요일 아침,
먼동이 트기 직전,
로마군 진영의 막달라 마리아가
사랑하는 이의 싸늘한 시신이 묻혀 있는
무덤으로 달려갈 준비를 서두른다. (요한 20)
예수와 그분의 아픔보다,
자신들과
이스라엘 왕국에 대한 꿈이 좌절된 데
더 많은 관심을 기울였던
베드로를 위시한 제자들,
그 겁쟁이 남자들에게
그녀는 화가 났다.
마리아는 혼자 아프게 가슴을 앓았다.
그녀에게 그나마 위안을 준 남자는

그녀가 사랑한 그 한 사람이었다.

용감하고 아름다운 마리아가
사랑하는 이의 몸을
눈으로 보고
손으로 만져볼 생각에 기운이 났다.

그런데 무덤이 텅 비어 있는 것이다!

"내 주님은 어디 계신가?"
"누가 그분을 모셔 갔는가?"
"어디에 그분이 계신가?"

그녀는 울며 몸부림친다.
울면서 이리저리
미친 듯 돌아다닌다.

"어디에 계신가?"
"어디에 그분이 계신가?"

갑자기 무덤 가까운 곳에서
그녀는 한 남자를 만나고,
그가 동산을 지키는 사람인 줄 안다.

어쩌면 저 남자가
주님의 시신을 옮겼는지도 모른다!
그런데 그가 자기 이름을 부르는 것이다.

"마리아!"

그러면서,
전에 자기를 바라보던
그 눈으로,
그 사랑 어린 눈으로,
자기를 바라보고 있다.

예수님이다!
살아 계신다!

"라뽀니!
오, 내 사랑,
당신이군요!"

그녀의 심장이 터질 것만 같다.
그분을 껴안고
발을 쓰다듬으러 달려간다.
베다니아에서 기름 부어드렸던

바로 그 발이다.
그러나 그분이 말씀하신다.

"내가 아직 아버지께 올라가지 않았으니
나를 붙잡지 말고 어서 내 형제들을 찾아가거라.
그리고 '나는 내 아버지이며
너희의 아버지 곧 내 하느님이며
너희의 하느님이신 분께 올라간다'고 전하여라."(요한 20)

안 된다, 그녀가 그분을 만지거나 붙잡아서는 안 된다.
맞다, 그분은 틀림없는 예수시다.
그러나 다른 분이시다.
무덤에서 살아 나온 라자로와는 다른 몸이다.
그분의 몸은 같은 몸이면서 다른 몸이다.
부활하신 예수는
더 이상 전처럼 그녀를
육신으로 그녀 바깥에서 만나지 않고
그녀 안에서 만나실 것이다.
이제 그녀는 자기 몸 중심에 숨어 계시는
새로운 모습의 주님을 찾아야 한다.

예수는 다시 일어나,
전혀 새로운 방식으로,

시간과 공간에 갇히지 않는
당신의 영광스런 몸으로 살고자
격렬한 죽음의 고통으로,
캄캄한 어둠의 무덤으로 내려가셨다.

초기 그리스도교의 찬송가,
'케노시스'가,
자기 비움이,
겸허한 승리의 노래로 되었다.

"그러므로 하느님께서도 그분을 높이 올리시고
모든 이름 위에 뛰어난 이름을 주셨습니다.
그래서 하늘과 땅 위와 땅 아래에 있는 모든 것이
예수의 이름을 받들어 무릎을 꿇고
모두가 입을 모아 예수 그리스도가 주님이시라 찬미하며
하느님 아버지를 찬양하게 되었습니다."(필립비 2)

예수의 부활은 우주 역사에서 일어난
가장 놀라운 현실이며
동시에 더없이 겸허한 사건이다.
그분은 예루살렘 성 위로 위엄 찬 모습을 나타내시어,
당신을 모욕한 자들을 모욕하지 않으신다.
오히려 당신이 뽑으신 동료들에게 은밀히 나타나신다.

그런데 그들은 그분을 유령인 줄 알고 무서워한다.

"왜 그렇게 안절부절못하고 의심을 품느냐?
내 손과 발을 보아라. 틀림없이 나다!
자, 만져보아라.
유령은 뼈와 살이 없지만 보다시피 나에게는 있지 않느냐?"
(루가 24)

그들은 이해할 수가 없다.
믿고 받아들이기에 너무나 벅찬 일이다.
그들은 우리와 똑같다.
그렇게, 마음이 둔하고 믿음이 더딘 사람들이다.

온유하신 예수는 그들의 비겁을 나무라지 않으신다.
당신을 버린 그들을 원망하지도 않으신다.
그러나 마리아가 당신이 살아나신 소식을 전했을 때,
여인의 말을 믿지 않은 것에 대하여는
그들의 불신을 꾸짖으신다. (마르코 16)

아무튼 부활은 진실이다.
예수는 살아 계신다.
같은 몸인데 다른 몸이다!
자기 앞에 입을 벌리고 있는

예수님 손발과 옆구리의 상처를 보면서
토마는 희망과 기쁨에 넘쳐 부르짖는다.
"나의 주, 나의 하느님!"(요한 20)
전적인 실패와 붕괴로부터
전적으로 새로워진 무엇이,
기대하지 않은 무엇이 생겨났다.
부활하신 그리스도가 다시 나타나시어
좌절한 자들에게
용기와 새 희망을 안겨주시고
생명을 불러일으키시고
그리고 힘을 주신다.

그렇다, 예수는 온유하시다.
그분 안에는 과격과 고집이 없다.
무너진 제자 공동체에 실망하고 분노하여
엠마오로 돌아가는 두 제자를
길에서 만나 동행하신다. (루가 24)
당신 상처를 감추시고,
그들에게 무슨 말을 하고 있느냐고 물으신다.
그들 가운데 하나가 반문한다.

"예루살렘에 머물러 있던 사람으로서
요새 며칠 동안에 거기에서 일어난 일을 모르다니,

그런 사람이 당신 말고 어디 또 있겠습니까?”(루가 24)

예수는 그들에게 성경의 비밀을 밝혀주신다.
그들의 가슴이 뜨거워지기 시작한다.
그러나 그분이 식탁에서
빵을 떼어 축복하고 나눠 주실 때에
비로소 그들은 주님을 알아본다.
그들이 당신을 알아보자
그분은 자취를 감추신다.

그 뒤, 갈릴래아 호숫가에서 예수는
고기를 잡고 있는 제자들을 소리쳐 부르신다.

“얘들아, 무얼 좀 잡았느냐?”
“아무것도 못 잡았습니다.”
“그물을 배 오른편에 던져보아라.
그러면 고기가 잡힐 것이다.”(요한 21)

그분이 시킨 대로 하자 그물에 고기가 가득 찬다.
그들은 기슭으로 달려와 예수를 알아본다.
그분이 그들을 아침 밥상에 초대하신다.
그토록 온유하신 예수,
배고픈 제자들을 먹이시는 예수!(요한 21)

아침 식사를 마치고 예수는 베드로에게 세 번 거푸 물으신다.
"요한의 아들 시몬아, 네가 나를 사랑하느냐?"
베드로는 자기가 세 번이나
스승을 모른다고 한 일이 생각나서 몹시 당황스럽다.
그러나 겸손하게 말씀드린다.
"제가 주님을 사랑하는 줄, 주님이 아십니다."
예수는 그에게 당신 양떼를 맡기신다.
"내 양들을 잘 돌보아라."
그렇다.
베드로는 지극히 나약한 인간이지만,
그래도 여전히 남들을 돌보는 목자로 남는다.

사십일 남짓,
예수는 제자들에게 여러 번 나타나셨다.
그러는 사이에 제자들은
더욱 가난해지고
더욱 겸손해지고
더욱 깊이 현실에 닻을 내렸다.
그분은 제자들에게 하느님 나라를 말씀하시며,
당신의 몸인 교회의 출현을 준비하라고,
당신이 시작하신 일,
온 세상에 용서와 사랑의 메시지를 전하고
가난한 이들을 위한 복음을 선포하며,

당신을 믿고
진리 안에서 새로워지기를 바라는 이들에게
아버지와 아들과 성령의 이름으로
세례를 베풀어
새사람으로 거듭나게 하는 일을
계속하라고 명하셨다.

주님은 그들이 새로운 능력을,
성령을,
예수의 영을,
아버지가 보내신 협조자를
받게 되리라고 약속하셨다. (루가 24, 요한 14&16)
그가 오시면 그들을 변화시키고,
그들을 먹이고,
모든 것을 가르쳐
마침내
참 목자이신 예수처럼 되게 하실 것이다.

"너희는 예루살렘을 떠나지 말고
내가 전에 일러준 아버지의 약속을 기다려라.
요한은 물로 세례를 베풀었지만
오래지 않아 너희는
성령으로 세례를 받게 될 것이다. ……

성령이 너희에게 오시면
너희는 힘을 받아
예루살렘과 온 유대와 사마리아뿐만 아니라
땅끝에 이르기까지
어디에서나 나의 증인이 될 것이다.”
예수께서는 이 말씀을 하시고
사도들이 보는 앞에서 승천하셨는데
마침내 구름에 싸여
그 모습이 보이지 않게 되셨다.
예수께서 하늘로 올라가시는 동안
그들은 하늘만을 쳐다보고 있었다.
그때 흰옷을 입은 사람 둘이
갑자기 그들 앞에 나타나서 이렇게 말했다.
“갈릴래아 사람들아,
왜 너희는 여기에 서서 하늘만 쳐다보고 있느냐?
너희 곁을 떠나 승천하신 저 예수께서는
너희가 보는 앞에서 하늘로 올라가시던
그 모양으로 다시 오실 것이다.”(사도행전 1)

그 뒤 열흘이 지난 오순절 축일,
제자들이
예수의 모친 마리아를 비롯한
몇몇 여인들과 함께

한마음으로 기도드리고 있을 때
성령이 그들 머리 위로 내려오시어
불의 혀 같은 형상으로 각자에게 나타나셨다.
그러자 모두가 새로운 힘으로 거듭났고
사랑의 힘으로 가슴이 불타올랐다.
이 불이 어떤 사람은
더 깊은 침묵과 기도에 대한 동경으로 채워주었고,
어떤 사람은
새로운 용기와 여러 나라 방언으로
예수와 그의 가르침을 널리 전하고자 하는
뜨거운 각오로 불타게 하였다.
이 사건을 목격하고
그들이 말하는 것을 들은
사람들 모두가 깜짝 놀랐다. (사도행전 2)

성령으로 충만해진 베드로가 일어서서
예언자 요엘의 말을 인용하며,
장차 펼쳐질 새로운
사랑의 시대를 선포하였다.

"하느님께서 말씀하신다.
마지막 날에
나는 모든 사람에게

나의 성령을 부어주리니
너희 아들딸들은 예언을 하고
젊은이들은 계시의 영상을 보며
늙은이들은 꿈을 꾸리라.
그때에는 나의 남종에게도 여종에게도
나의 성령을 부어주리니
그들도 예언을 하리라.
나는 하늘 높은 곳에서 표징을 보이며
땅에서 기적을 행하리니
피와 불과 짙은 연기가 일고
해는 빛을 잃어 어두워지고
달은 피와 같이 붉어져
마침내 크고 영광스러운 주의 날이 오리라.
그때 주의 이름을 부르는 자는 구원을 받으리라.”(사도행전 2)

예수의 죽음과 부활이,
그동안
하느님의 영이 흐르지 못하게
막고 있던 장벽들을 허물어뜨렸다.
드디어 수문이 열렸다.
하느님의 영,
예수의 영이
곧장 사람들 가슴속에 들어오시고

거기를 당신 거처로 만드신다.
성령의 은총으로
두려움과 죄에서 해방된 사람들이
바야흐로 경계와 문화를 넘어
서로 손을 잡고서
모든 민족, 모든 인종의 사람들을
하나로 묶는 힘이 된다.

부활하신 예수는 하늘에 오르시어
거기서 아버지와 하나 되시고,
당신의 모든 백성에게
거룩한 성령을 선물로 보내신다.
그것은 억지로 부과되는 무엇이 아니라,
겸손히 당신을 찾아
간절히 호소하는 이들에게
값없이 주시는 선물이다.
이 성령의 선물로 변화된 자들은
모두가 아버지와 아들의 교제 안으로 들어가서
진정한 하느님의 자녀들이 되어,
삼위일체로부터 흘러나오는 사랑으로
그들을 이끌어
삼위일체 하느님의 생명으로 데려간다.
그리하여 우리는

예수처럼 되고
마침내 예수로 바뀐다.
그분의 영을 받은 우리는
그분의 가슴으로 우리 가슴을 채우고,
예수가 사랑하시듯이,
약하면 약한 대로,
강하면 강한 대로,
같으면 같은 대로,
다르면 다른 대로,
서로를 있는 그대로 사랑한다.
우리는 그들 안에 숨어 계시는 예수가
우리를 치유하시는 것을 본다.
인간의 고난을
성사로,
예수의 거처로,
새롭게 발견한다.

예수는 장차 당신 몸이요
당신의 성전인
교회가 될 제자들 안에
어떻게 거할 것인지를 분명히 보여주셨다.
세상이 끝나는 날까지 그분은
당신을 믿고 의지하는 자들과 함께 계실 것이다.

"나는 포도나무요 너희는 가지다.
누구든지 나에게서 떠나지 않고
내가 그와 함께 있으면
그는 많은 열매를 맺는다.
나를 떠나서는 너희가 아무것도 할 수 없다. ……
너희가 많은 열매를 맺고
참으로 나의 제자가 되면
내 아버지께서 영광을 받으실 것이다."(요한 15)

그러나 이 변화는 결코
즉석에서 이루어지는 것이 아니다.
많은 열매를 맺기 위해서는
포도나무 가지들이 잘려 나가야 한다.
그것은 성장 과정이요,
순결해지고 자유로워지는 과정이다.
우리는 고통과 갈등과 투쟁을 통하여,
자유와 사랑과 지혜와 성령 안에서,
오랜 세월
성실과 기쁨으로 성장해야 한다.
그리하여 믿음으로 부름 받은 사람들,
하느님의 백성,
성령으로 거듭나서 하나 된 사람들,
그분의 몸,

그분의 백성인 교회가 태어난다.

예수에 의하여 뽑힌 열두 사도의 역할은
유대교 법에 따라 세워진 사제들의 그것과 다르다.
그들은 가난한 자와 비천한 자,
억눌린 자,
다리 저는 자,
눈먼 자,
믿고 의지할 누군가를 찾아 부르짖는 자들에게
예수의 생애와 가르침을,
그분의 몸을
전하라는 명령을 받았다.
예수는 그들에게
당신을 기억하라고,
잡히시기 전날 밤 빵을 들어 축복하고
그것을 떼어 제자들에게 나눠 주신 일을
기억하라고 말씀하셨다. (마태오 26, 마르코 14, 루가 22)

"받아먹어라. 이것은 내 몸이다."

그리고 포도주 잔을 들어 축복하시고 말씀하셨다.

"이 잔을 받아 마셔라.

이것은 나의 피다.
죄를 용서해주려고 많은 사람을 위하여
내가 흘리는 계약의 피다.”

그날 갈릴래아의 많은 사람을
떠나게 만들었던 이 말씀이,
오늘은 사제가
빵과 포도주를 들어
그 속에 담긴 신비를 선언함으로써
그분의 현존이 되고
신비가 되고
침묵이 되고
합일이 된다.

이 말씀에 새 의미가 담겨졌다.
예수께서,
당신을 믿는 자들이 감사하며
성찬을 나누는 자리에,
당신 몸과 피로 현존하신다.

| 6 |

마치는 말

'말씀'이 육신으로 되시고,
하느님이 만져지고
잡히고 소리를 들을 수 있는
사람 형상을 입으시면서
모든 것이 바뀌고
전혀 새로운 것이 세상에 주어진다.

'말씀'이 육신으로 되기 전에는
육신과 정신,
몸과 영혼 사이에 늘 긴장이 있었다.
누구든지 하느님,
경계 없는 영,
영원한 존재에 가까이 가려면,
위험한 본능과 충동들이 있는

"영혼의 감옥"으로 알려진
자기 자신의 몸으로부터
어떻게든지 떨어지려고 애써야 했다.
모든 존재의 근원,
위없는 지혜이신 하느님께
가까이 가려는 자는
아는 게 많아야 했고
능력도 있어야 했다.
힘없고 무식한 사람은
하느님한테서 거리가 한참 멀었다.

간혹 하느님의 영감을 받아
아름다움과
힘과
우주의 생명에서
하느님을 보고 만진 자들이 있어,
그들이 우주의 몸에서
살아 있고
움직이고
노래하는 하느님의 얼굴을 보긴 했지만,
그러나 인격적 하느님(a personal God)은 아니었다.

말씀이 육신으로 되면서 모든 것이 바뀐다.

예수가 모든 것을 새로 만드신다.
어리석은 자,
힘없는 자,
약한 자,
거룩한 산으로 걸어갈 기운조차 없는 자들을
가까이하시려고,
말씀이 몸으로 되셨다.
사람들 가슴을 울리고
믿음으로 당신과 하나 되게 하시려고
그분이 오신다.
그분이 오시어
약자가 중심을 차지하고
힘없는 자들이 바닥에 깔려 부서지는
권력의 계급사회가 더 존속되지 않는 새 질서로
사람들을 부르신다.

말씀이 육신으로 되면서,
모든 것을 묶어 옹근 하나로 만드는
성령의 힘 안에서
성령의 힘을 통하여
성령의 힘으로
육신과 정신,
몸과 영혼 사이에,

새로운 통일이 이루어진다.

몸으로 되신 말씀이 우리를 이끌어 겸손의 길로 내려가게 하심

말씀이 몸이 되고 나약함이 되셨다.
그리하여 사람들이 하느님을 겁내지 않게 되었다.
"겁내지 마라."
이것이 예언자들과 예수가 거듭 하신 말이다.
'말씀'이 우리와 하나 되고자,
주고받는 사랑이 되고자,
"임마누엘"이 되고자,
"우리 안의 하느님"이 되고자,
어리고 여린 아이로,
십자가에 달려 숨진 무능한 사내로 되셨다.
강하고 넉넉한 자에게는 남들이 필요 없다.
그는 자기만으로 충분하다.
가난하고 약한 자에게는 남들이 있어야 한다.
그들의 도움을 받아야 살 수 있기 때문이다.
사랑으로 우리에게 힘을 넣어주려고,

우리의 굳어진 가슴을 녹이고,
자신의 약함을 보호하고
외로움과 두려움을 감추려고 쌓아놓았던
장벽들과 방어기제들을 무너뜨리려고,
말씀이 몸이 되고 나약함이 되셨다.
존재의 중심에서 우리를 만져주고,
우리 안에 깊숙이 잠재된 힘을 일깨워
사랑과 자비로 살아나게 하시려고,
그분이 오셨다.
초기 그리스도인들은
가난과 초라함으로 내려오신 '말씀'을 노래하였다.
바울로는, 열정을 품고서
겸손의 길을 가신
예수를 따르라고 제자들에게 권한다. (필립비 2)

예수가 어떻게 작고 초라한 사람이 되어
고난의 구렁으로 들어가셨는지에 대하여는 앞에서 말했다.
잡히시기 전날 밤,
만찬 도중에 그분은 식탁에서 일어나
겉옷을 벗고
종의 속옷 차림으로
제자들 발을 씻어주기 시작하셨다.
그렇게 하인의 역할,

종의 역할을 몸소 감당하셨던 것이다. (요한 13)

제자들은 겉옷을 벗는 스승을 보고 놀랐지만,
그다음 행동에 더욱 크게 놀랐다.
그래서 베드로는 단호하게 거절한다.
"제 발은 씻지 못하십니다!"
그러자 예수가 대답하신다.
"내가 그대 발을 씻지 못한다면
우리의 우정은 끝장나고
피차에 나눌 것이 없을 것이오."
그러자 베드로는 자기 발을 내밀었다.
그러면서도
주님이자 스승인 분이
자기 발 씻어주는 것을 감당하기 어려웠다.
어쩌면 그는 예수의 발은 기꺼이 씻겨드릴 수 있지만
다른 동료들 발을 씻어줄 수는 없었으리라.
예수는 그렇게 사회의 관습으로 굳어진
권위와 권력의 계급을 부수고
새로운 질서를 만들어 세우셨다.
스승인 예수에게 자기 발을 내밀어
씻김 받은 베드로는 마땅히
자기보다 아랫사람의 발을 씻어주었어야 한다!
그들이 자기 발 씻어주기를 기대해서는 안 되었다.

그도 스승의 본을 받아,
종의 역할을 감당했어야 한다.
그랬더라면 세상이 하루아침에 뒤집어졌을 것이다.

예수는 제자들의 발을 모두 씻어준 다음,
왜 그런 행동을 하셨는지, 그 이유를 설명하신다.
"너희는 나를 스승 또는 주라고 부른다.
그것은 사실이니 그렇게 부르는 것이 옳다.
그런데 스승이며 주인 내가 너희의 발을 씻어주었으니
너희도 서로 발을 씻어주어야 한다.
내가 너희에게 한 일을
너희도 그대로 하라고 본을 보여준 것이다.
이제 너희는 이것을 알았으니
그대로 실천하면 복을 받을 것이다."(요한 13)
이렇게 사랑, 섬김, 용서의 몸짓으로
제자들 몸에 손을 댐으로써
예수는 새로운 권위의 모습을 보여주셨다.
주님이요 스승인 분이 이렇게 하신 것은
우리 또한 사랑과 겸손과 용서로
서로의 발을 씻어주라는 명령인 것이다.

예수께서 당신을 따르는 자들에게
서로 발을 씻어주라고,

끝자리에 서라고,
가장 작은 사람이 되라고,
마음으로 가난해지라고,
당신처럼 초라하고 온유하고 겸손하라고,
인간 사다리의
맨 아래 칸으로 내려가라고 하신 것은
우리 인간들이 얼마나 쉽게
역할, 지위, 권력에 집착하는지를 잘 아셨기 때문이다.
그분은 우리가 얼마나 빨리
자신의 명예와 영광을 위하여
그리고 남을 지배하기 위하여
하느님에 대한 지식과
하느님이 주신 선물들을 활용할 수 있는지 잘 아신다.
자기의 영적 자아에 도취하여 우리는
온갖 선물을 주신 하느님을 외견하고
스스로 하느님의 엘리트임을 자처한다.

예수는 당신의 온유함과 나약함으로,
우리에게 섬김과 겸손의 길을 걸으라고 하신다.
그러나 그것은 우리의 타고난 재능과 책임을
버리라는 뜻이 아니다.
그분은 우리가 자신의 영광을 위해서가 아니라
하느님의 영광을 위해서,

하느님의 일을 이루기 위해서,

하느님께로부터

새로운 힘을, 성령의 은사를 받게 되리라고 말씀하신다.

이 힘이 우리로 하여금 불가능한 일을 하게 하리라.

그리하여 가난한 이들,

낯설고 자기와 다른 이들을 존중하고,

적들을 사랑하고,

전적으로 새로운 질서,

복되신 삼위일체의 일치와 사랑으로 이루어지는

사랑의 왕국을 만들어 세우게 될 것이다.

사람을 예수 안으로 끌어들여 변화시키는 이 은사를

하느님은 작고 비천한 사람,

마음이 가난한 사람,

있는 것이 없어서 우는 사람,

그리하여 천국이 그들의 것인 사람들에게 주신다.

한때 예수는 성령에 감동되어 말씀하셨다.

"하늘과 땅의 주님이신 아버지,

지혜롭다는 사람들과 똑똑하다는 사람들에게는

이 모든 것을 감추시고 오히려

철부지 어린이들에게 나타내 보이시니 감사합니다.
그렇습니다. 아버지!
이것이 아버지께서 원하신 뜻이었습니다.”(루가 10)

우리 인간은 자신의 약함을
능력과 성취 뒤에 감추려는 성향이 있다.
자기가 힘 있는 사람임을 입증하려고
우리는 온갖 수고를 아끼지 않는다.
쓸모없는 존재로 낙인찍히는 것이 두려워
사람들의 인정과 칭찬에 항상 목다르다.
결국 좌절과 자기 혐오에 떨어져
자신의 약함에 분노하고
남들에게 분노한다.
속절없이 느껴지는 무력감과
거기서 오는 고통의 탓을
부모, 집안, 사회, 교회에 돌리고 그들을 원망한다.
그러나 만일 우리가 자신의 가난을 인정하고
자신의 한계와 죄를 고백하면서
남들의 지혜와 도움을 구한다면,
하느님 아버지께 우리의 부족함을 채워달라고 간청한다면,
그분이 당신의 최고 선물인 성령을 보내실 것이고
그러면 우리의 가장 깊은 속사람이
자유, 진실, 겸손의 옷을 입고 나타날 것이다.

그렇게 우리는 사랑과 자비 안에서 성숙하여
같은 몸의 지체로서 다른 지체들과 사귀게 된다.
우리의 약함은 거기에 신뢰, 겸손, 담대함이 합쳐질 때
하느님의 힘이 우리 안으로 들어오는 통로가 된다.
예수의 자비는 우리의 약함 안에서
우리의 약함을 통하여 실현된다.

모든 개인의 이야기는
타고난 자신의 약함을 받아들이거나
두려움과 분노로 그것을 거절하는 이야기다.
우리는 약하게 수태되었고
약하게 죽어간다.
약함에서 강함으로 올라갔다가
다시 약함으로 내려오는 게 인생이다.
인간의 이야기는
육신으로 된 말씀의 이야기이기도 하다.

약함에서 나오는 인간의 울음은,
강해지고 독립하려는 욕망에서 나오는,
그리하여 자기를 자기 안에 가두고 마는,
저항과 절망의 울음이 아니라
하느님과 다른 사람들에게
자기를 있는 그대로 열어주는

사랑의 울음이 될 수 있고 되어야 한다.
그것은 사람들을 하나인 공동체로 데려가는
일치와 자비를 부르는 울음이다.
우리가 따로 존재하거나
'내 것'을 지키려고 할 때,
남들의 약함은 우리를 부담스럽게 한다.
하지만 그것이 우리 가슴을 일깨워
섬김과 나눔으로 자기를 열게 할 수도 있다.
인간의 약함은
환영받을 때 섬김과 나눔으로 되고,
거절당할 때 절망, 저항, 고집으로 바뀌어
죽음의 전주곡이 된다.

물론 우리에게는
힘 있고 유능한 사람으로 성장할 사명이 있다.
그러나 그 힘은
사랑으로 인류 공동체를 세우기 위한 힘이지
자기의 영광과 권력을 위한 힘이 아니다.
우리는 서로에게서 떨어진 섬들이 되어
자기 만족에 갇혀 살라는 부름을 받지 않았다.
우리 모두 서로 연결되어 의존하는
하나인 몸으로 살아야 한다.
힘과 교만의 자살행위로

자기 안에 있는 아이를 해치지 않기 위하여
강자에게 약자가 필요하듯이,
약자 또한 강자가 필요하다.
이렇게 서로 필요한 가슴들이 성스런 교제를 이룬다.

인간 사다리의 아래 칸으로 내려가는 것은
자신의 어두운 핵심으로 들어가
자기 존재의 진창 속으로,
어두운 그늘 속으로,
내면의 여행을 계속하는 것이기도 하다.
그곳은 허무, 고뇌, 죄의식이 있는 장소인데
그 위에 우리는 자기 방어를 위한 장벽을 쌓는다.
거기서 자신의 내적 상처들과 허물들,
어쩔 수 없는 궁핍을 실감하면서
이른바 선행이라는 것들이
어떻게 자기 영광을 위한 욕망으로 얼룩져 있는지를 본다.
하지만 거기서 그것들보다 더 깊숙이
우리 안에 숨어 있는 예수의 임재에 접촉되기도 한다.
예수, 그분은
우리 밖에 있는 가난한 이들 속에 계실 뿐 아니라
우리 안에 있는 가난한 이들 속에도 계신다.

말씀이 육신으로 되신 것은
그리하여 가난한 사람,
비천한 사람,
부서진 사람들 가운데 사신 것은,
진흙과 티끌과 생존의 고통으로 이루어진
인간성을 나누어 가지신 것은,
부서진 우리 인간들에게
당신의 사랑과 친절을 나눠 주기 위해서였다.
그분은 당신을 따르는 자들과 함께 아래로 내려가시어
가난하고
눈멀고
다리 절고
귀먹은 이들을 섬기며
그들 안에 있는 아름다움과 가치를 보여주시고
그들이 하느님의 성전이요
세상의 빛이요
이 땅의 소금이요
아버지의 사랑받는 자녀임을 일깨워주셨다.
힘없는 사람들이야말로
하느님을 계시하는 놀라운 교사들임을
당신 추종자들에게 보여주고자 원하셨다.

억눌린 사람,
외로운 사람,
배척당한 사람의 부르짖음은
그 본질이
자기를 알아달라는
그래서 함께 살자는 호소다.
그런데 그 부르짖음이 상대를 겁나게 하고
그래서 더욱 그들을 배척하게 만들기도 한다.
만일 그들의 호소를 들어준다면,
힘 있고 지혜로운 이들 또한 가슴이 열려
스스로 변화되고 돌아서서
불쌍한 마음에 관용을 베풀어
기구를 조직하고 운영하는 단계를 넘어
그들과 친밀한 연대 속으로 들어갈 수 있다.
억눌리고 힘없는 이들의 호소에 귀를 기울일 때,
힘 있는 이들은 비로소 자기 안에 있는
나약한 아이를 받아들이고 사랑하게 된다.

예수께서 당신을 따르는 자들에게
가난한 사람,
다리 저는 사람,
눈먼 사람들한테 먹을 것을 주지만 말고
그들을 식탁에 불러

함께 먹으라고(루가 14) 하신 이유가 여기에 있다.
그들과 함께 밥을 먹는 것은
그들의 친구가 되어
그들의 선물과 사랑을 받고
그들에게 힘을 주며
그들의 아름다움과 가치를 드러내어 보여주는 것을 뜻한다.

그리고 예수는 당신이
가난한 사람,
다리 저는 사람,
눈먼 사람,
거절당하여 변두리로 내몰린 사람들 속에
숨어 있다고 일러주신다.

"너희가 여기 있는 형제 중에
가장 보잘것없는 사람 하나에게 해준 것이
바로 나에게 해준 것이다."(마태오 25)

배고픈 사람에게 음식을 대접하는 것은
예수에게 음식을 대접하는 것이다.
목마른 사람에게 물을 주는 것은
예수의 마른 목을 축여주는 것이다.
병자와 감옥에 갇힌 자를 방문하는 것은

예수를 방문하는 것이다.
나그네를 환영하는 것은 예수를 환영하는 것이다.
벗은 사람에게 옷을 입혀주는 것은 예수를 옷 입히는 것이다.
하루는 예수께서 자기를 지키기 위해 아무것도 할 수 없는
어린아이를 당신 곁에 세우고 이렇게 말씀하셨다.

"누구든지 내 이름으로 이런 어린이를 받아들이면
곧 나를 받아들이는 것이며
또 나를 받아들이면 나를 보내신 분을 받아들이는 것이다."
(루가 9)

그러나 가난한 사람과
약한 사람과
그들의 상처를
이상적인 것으로 여겨서는 안 된다.
그건 아니다.
때로 십자가에 달린 예수 곁에 머물기가 힘든 것처럼
어려움을 겪고 있는 사람들 곁에 있는 것이
너무나 괴로울 수 있다.
가난한 이들의 부르짖음은
우리의 생활습관, 사회의 안전장치를 흔들어놓기도 한다.
가난한 사람들은 새로운 질서를 외치면서
기존 질서를 어지럽힐 수 있다.

그들이 자신의 가난과 나약함을 지렛대 삼아
힘 있고 안전하게 사는 사람들의
가난과 나약함,
어두운 그늘을 노출시켜
그들을 불안과 영혼의 핍절로 몰아갈 수도 있다.
그런즉 예수의 영이 우리로 하여금
모든 아픔과 어지러움을 관통하여 새로운 무엇에로,
하느님 가슴에서 나오는 새로운 사랑이
차츰 생겨나는 일종의 혼돈에로,
가게 하는 것이다.

가난하고 약한 사람들은 온순한 예언자들이면서
기존 질서를 흔드는 상처 입은 예언자들이다.
하느님이 하시는 일은 오직 사랑뿐이요,
그분의 부르심을 받은 이들이 해야 할 일도
사람들을 사랑하는 것임을 우리에게 깨우쳐주고자
말씀이 사람 몸으로 되셨다.
이것이 우리의 기쁨이자 우리의 아픔이다.
사랑은 온유한 주인, 황홀한 교계의 장소이면서
동시에 아픔과 십자가의 장소이기도 하기 때문이다.

사람들은 끊임없이 무엇을 생산하고
그 결과를 보고

자기가 쓸모 있는 존재임을 증명하고 싶어 한다.
그러나 사랑은 결과를 위한 것이 아니다.
그것은 선물이다.
값없이 주는 선물이다.
자기가 하는 일의 결과를 보지 않고서,
사람들의 인정과 칭찬을 기대하지 않고서,
무엇을 한다는 게 쉬운 일이 아니다.
그냥 있고
그냥 사랑하고
그냥 섬긴다는 게
결코 쉬운 일이 아니다.
거기에는 아무 영광이 없다.
하지만 말씀이 사람 몸으로 되어
은밀하게 인간 공동체를 세우는 길이
바로 거기 있었다.
예수께서 당신을 따르는 자들에게
아래로 내려가자고 하신 것은,
사회적 집단행동을 하자는 게 아니라
당신과 함께,
가난하고 약한 이들 안에서
그들과 사랑의 교제를 나누며 살자는 것이었다.
이 교제는 침묵과 관상 안에서 이루어진다.
그분은 우리가 힘없는 이들을 만나서 사랑을 나누는

바로 그것이 하느님과 사랑을 나누는 것임을 보여주신다.
가난한 이들이 예수의 성사요 거처로 된다.
거절당한 자들이 사람을 치유하는 자로 되고
집 짓는 이들로부터 버림받은 돌이
하느님 성전의 모퉁잇돌로 되는 것을 우리는 본다. (마태오 21)

아픈 육신

우리에게 새로운 차원의 아픔과 괴로움을 보여주고자
하느님의 말씀이 육신으로 되셨다.
육신은 본디 약하고 상처 입기 쉽다.
그리고 어미 배에 수태되는 순간부터 죽음이 각인되어 있다.
그런 까닭에 육신에는 아픔이 포함되어 있는 것이다.
말씀이 사람 몸으로 되어
육신의 한계와 속박,
그 괴로움을 확인하였다.
그분은 하느님께 버림받아 울부짖는 자의
아픔과 슬픔 속으로,
그 깊은 수렁 속으로 몸소 빠져 들어가셨다.

샤랑하되 끝까지 사랑할 것.
버림받더라도 사랑할 것.
이것이 사랑의 논리다.
사랑한다는 것은 자기를 내어주는 것이다.
사랑이 거절당할 때 돌아서는 것이 과연 진정한 사랑일까?
사랑하는 사람은 자기가 받아들여질 때까지
멈추지 않고 사랑하는 이의 잠긴 문을 두드리는 사람이다.
예수는 거절당함의 마지막 수렁을 받아들이셨다.
사람들에게 배척당하고 저주받은 자가 되어,
바로 그 수렁 속으로
사랑이신 하느님의 현존을 끌어들이셨다.
종교 지도자들의 질책과 비난을 받으면서 그분은
이 땅의 모든 저주받은 자들에게 하느님을 끌어들였다.
종교의 하느님한테 거절당하고 버림받은
모든 사람들 앞에 당신을 내어놓으신 것이다.

사랑의 하느님은 아픔을 없애거나 설명하지 않으셨다.
모든 시대 모든 곳에서 아파하는 사람들에게
당신을 나타내시고자 스스로 아파하는 사람이 되셨다.

"나의 하느님, 나의 하느님. 어찌하여 저를 버리십니까?"
이렇게 부르짖은 바로 그 예수가
같은 입으로 이렇게 말씀하셨다.

"나를 본 사람은 아버지를 본 것이다."

십자가에 달린 예수의 얼굴은
십자가에 달린 아버지의 얼굴이기도 하다.

세상 모든 아픔에 의미가 있음을 보여주려고 예수가 오셨다.
아버지께 항복하는 마지막 신음과 함께
그 지독한 고통 가운데 죽어가면서
당신 목숨을 내어주신 예수는
당신에게 쏟아지는 증오와 폭력을 용서와 화해로 바꾸셨다.
최후의 숨을 거두며 토해낸 그분의 울부짖음으로
장벽들이 무너졌고
생수가 흐르기 시작했고
잠겼던 가슴의 문들이 열렸다.
비로소 성령이 사람들 위로 흐르게 되었다.
예수와 함께
모든 아픔,
모든 상실,
모든 거절,
모든 고뇌가
아버지 앞에 희생제물로 바쳐졌고
그렇게 참사랑이 이루어졌다.
바야흐로 모든 깨어진 것들이 생명의 열매로,

생명의 근원으로,
남들을 위한 선물로 바뀌었다.
모든 아픔 속에 예수가 숨어 계신다.
그리하여 아픔은
거룩한 성사가 되고 예수의 거처가 된다.

물론, 아픔 자체를 영광으로 알자는 말은 아니다.
우리는 아픔을 없애기 위하여 할 수 있는 모든 일을 해야 한다.
사람을 아프게 하는 온갖 악의 세력에 맞서 싸워야 한다.
그러나 우리는 또한 아픈 사람들과 함께 있기를 배워야 한다.
아픔은 우리가 피해야 하는 최후의 악이 아니다.
우리는 그것으로부터 도망쳐도 안 되고
그것에 굴복해도 안 된다.
아픔을 피해 도망하는 것은 사람을 피해 도망하는 것이다.
아픔을 없애기 위해 우리가 할 수 있는 일을 다 했으면
남은 것은 아픔을 받아들이고
그것과 함께 걷고
나아가 그것이 사랑에 의하여
거룩한 성사로,
생명을 가져다주는 선물로
바뀔 수 있음을 확인하는 일이다.

그러나 사랑의 새로운 질서보다 더 깊고 넓은,

아픔의 제물보다 더 근본적인
사랑의 황홀함으로,
아버지와 함께 사는 사랑의 황홀함으로,
예수는 당신 제자들을 부르신다.
당신과의 친밀한 교제를 통하여
이 사랑을 나눠 주려고
그분은 지금도 우리에게 오신다.
오셔서 처음부터 끝까지 모든 것이
하늘나라 혼인잔치임을 세상에 브여주신다.

몸으로 되신 말씀이
만인을 혼인잔치에 초대하시다

"맨 처음에 말씀이 있었다.
그 말씀이 하느님을 향하였다.
그 말씀은 하느님이었다."(요한 1)

요한은 하느님의 내적 생명(inner Lfe of God)에 대한 묵상으로
복음서를 시작한다.
나는 희랍어 '프로스 톤 데온(pros ton théon)'을

"하느님을 향하다(towards God)"로 옮겼다.
하느님과 '함께(with)'로 읽는 것도 옳지만
온전히 하느님을 지향하여
하느님과 나누는 사랑 안에서
하느님 쪽으로 움직이는 '말씀'의 뜻을 살리고 싶었다.

우리는 하느님의 내적 생명에서 비롯된
아버지와 아들의 은유가
어떻게 하느님의 내적 생명의 다른 국면을 보여주는
다른 은유에 의하여
완성되는지를 앞에서 보았다.
아들은 아버지로 말미암아 존재하고
아버지로부터 나오고
아버지와 사랑을 나누고
자신을 아버지께 드리고
그리하여 아버지와 온전히 하나 되신다.
모든 점에서 아버지와 동등한 아들의 존재는
온전히 아버지를 '위하여(for)' 있다.
두 분은 긴밀한 통교 안에서 하나 되시고
사랑 안에서 하나 되신다.
그 사랑이 너무나 알차고 온전하여
복되신 성삼위의 세 번째 위격이신 성령을 이루신다.
'협조자'가 바로 그분이시다.

모든 피조물이 성삼위로부터 나오거니와
세 분 위격이 서로에게 주시는 옹근 선물이다.
바로 이 영원한 일치와 사랑에
만물의 처음과 나중이 있다.

모든 피조물에 성삼위의 영원한 사랑이,
아버지와 아들 사이에 주고받는 사랑이 새겨져 있다.
모든 피조물이
일치와 조화를 이루며 존속하기 위하여
서로를 주고받는 가운데
가없이 아름다운 우주가 사랑을 노래한다.

티끌, 아픔, 눈물, 온갖 상처에 사로잡혀 있는 인간들에게
이 세상 모든 사랑과 생명과 일치의 근원이자
하느님의 본성인
생명, 기쁨, 통교, 사랑의 황홀함을 전해주려고
말씀이 몸으로 되셨다.
말씀이 뒤에 벗을 옷으로 몸을 걸치신 것이 아니라
몸이 신성해진 것이다.
그것을 통하여 하느님의 생명,
하느님 안에 있는 생명,
사랑의 생명이 통해지는 도체(導體)가 사람 몸이다.
이 생명은 책이나 교사의 가르침으로 배울 관념이 아니다.

한 사람이 다른 사람에게 현존하는 것,
한 사람이 다른 사람에게 주는 옹근 선물,
가슴과 가슴이 사랑으로 통하는 것이 그것이다.

우리 각자에게 사랑으로 입 맞추고
생명을 전해주고
당신과 아버지가 나누는
바로 그 사랑의 관계 속으로
우리 모두를 데려가고자 말씀이 몸으로 되셨다.

아버지로부터 나오신 아버지의 아들, 예수
그분과 통하여 하나 됨으로써
우리 또한 아버지의 자녀들이 되고
아버지와 하나 되어 아버지로부터 나오게 된다.

예수께서 제자들에게 이르셨다.
"아버지가 나를 사랑하시듯이 나도 그대들을 사랑한다."

아버지의 사랑이
아들에게로 흘러 들어가고,
그 사랑이 아들 가슴에서 흘러나와
당신을 믿어 의지하는
모든 사람 가슴으로 들어간다.

이 선물을 통하여 우리는
하느님의 생명을 살고,
성삼위의 본성에 참여한다.
예수는 당신 아버지께 기도드리면서 말씀하셨다.
"그것은 아버지께서 나를 사랑하신 그 사랑이
그들 안에 있고 나도 그들 안에 있게 하려는 것입니다."
(요한 17)
우리 모두가 바로 이 사랑의 영원한 혼인잔치에 초대받았다.
예수께서 사마리아 여인에게 말씀하셨다.
"하느님께서 주시는 선물이 무엇인지,
또 너에게 물을 청하는 내가 누구인지 알았더라면
오히려 네가 나에게 청했을 것이다."(요한 4)
이것이 성령 안에서 우리에게 주어진
그분의 사랑의 선물이다.
이 모든 것을 새롭게 하려고
예수께서 오신 것이다.

말씀이 몸으로 되어
가장 먼저 나약한 태아로
한 여인과 깊은 통교에 들어가셨다.
그 여인은 마리아,

장차 사랑하올 아버지의 형상이자 신호인
사랑하올 어머니가 되실 분이었다.
우리의 모든 인간관계가
어머니와 맺은 처음 관계에 의하여 결정되듯이,
그것은 그분이 지상에 사는 동안 맺으신
모든 인간관계를 결정지은 첫 번째 관계였다.

말씀이 몸으로 되시어,
단순한 말이 아니라
당신 몸의 나약함을 통하여,
만져달라고
함께 있어달라고
통교하자고
보채는 울음소리를 통하여,
하느님의 온유하심을 드러내셨다.
어머니 젖을 빨면서 아기 예수는
어머니의 사랑과 부드러움을 빨았고
그렇게 당신의 사랑과 부드러움을
어머니에게 주셨다.
당신 몸을 통하여,
부드러운 통교와 주고받는 사랑,
함께 놀고
노래하고

만지고
돌보는 행위를 통하여,
그분은 당신 아버지와 맺고 있는 관계를
그대로 그녀와 맺으신 것이다.

여기에 그분의 비밀과 함께
그분의 사랑에 의하여 변화된
마리아의 비밀이 있다.
사랑을 호소하는 그분의 울음소리가
마리아 안에 있는 사랑의 근원을 일깨워
여인 몸에 감추어진 영생으로 흘러들게 하였다.
당신 몸에서 흘러나오는
부드러운 부르심(call)을 통하여
그분은 마리아를
말씀과 하느님,
아들과 아버지의 신비스런 관계 속으로 이끄셨다.
마리아를 향한 예수의 사랑과
예수를 향한 마리아의 사랑이
성삼위의 중심에서 흘러나왔고,
두 분의 일치가
성삼위의 일치에서 흘러나왔다.
예수와 마리아, 이 두 분은
예수와 아버지가 한 몸이신 것처럼 한 몸이셨다.

그리고 이 하나 됨은
십자가에 달려 숨지는 아들 곁에 그녀가 서 있을 때
더욱 온전하게 드러났다.
그녀는 지금 아들과 통교하며 거기 남아 있다.
자비와 연민의 여인!

마리아는 사람 몸으로 되신 하느님과
직접 사랑을 나눈 첫 사람이었다.
그녀는 하느님과 하나 되어 살았고,
하느님과 하나였고,
하느님의 생명과 사랑에 의하여 수태하였다.
자기 몸을 통하여 황홀함과 아픔을
몸으로 되신 말씀과 함께 경험하면서
사랑으로 충만한 삶을 사신 것이다.

전통적으로 교회에서 다른 많은 성인들 가운데 마리아가
특별한 장소에 모셔져 사랑받는 까닭이 여기 있다.
엘리사벳이 큰 소리로 말했듯이, 마리아는
"모든 여자들 가운데 가장 복되신" 분이다.
그렇다, 모든 세대가 그분을 복되신 분이라 부를 것이다.

그런즉 마리아를 사랑하는 것은
그분을 경건한 받침대 위에 모셔두는 게 아니라

그녀의 인도를 받아서
예수와 더불어
그분의 아버지와 통교하고
예수가 우리에게 요구하시는 모든 일을 하고
오늘의 십자가에 달려
죽어가는 이들 발치에 서는 것이다.
자비와 연민의 여인, 마리아.
진실로 우리의 온유한 모델이시다.

바로 이 사랑의 통교,
빛과 사랑으로 충만한 삶을,
사람 몸으로 되신 말씀이 마리아에게 주셨다.
그것은 각자의 소명과
주님에 대한 믿음의 분량에 다라
우리에게 주어지는 것이기도 하다.
이 메시지의 본질은 무엇을 하라는 게 아니다.
하느님을 위해서라 하여도
따로 무슨 일을 하라는 게 아니다.
오히려 그분과 통하면서 살라는,
그분 안에 거하라는 것이다.
그리고 예수와 통하면서 사는 것은

하느님과 통하면서,
하느님을 믿고 의지하여
마침내 하느님과 하나 되어 사는 것이다.

예수는 당신 몸을
비밀스런 사랑의 도구로
마리아에게 주셨듯이
우리에게도 교회를 통하여
당신 몸을 먹게 하시고
당신 피를 마시게 하신다.
그리하여 당신을 먹고 마신 자들로 하여금
당신 안에 살게 하시고
당신은 그들 안에 사신다.
또한 그분은
당신의 사랑과 생명이 담긴 말씀을 우리에게 주신다.
그 사랑의 말씀 안에서 우리는 그분과 통교하며,
그분의 아버지이자 우리 아버지이신
하느님과 통교하며 살아간다.

예수와 통교하면서
우리는 성령의 감화를 받는다.
이제 더 이상 우리가 말하는 게 아니라
우리 안에서 성령이 말씀하신다.

이제 더 이상 우리가 사는 게 아니라
우리 안에서 예수가 사신다.
예수는 모든 것을 새롭게 하려고 세상에 오셨다.
그분과 통교하며 우리 또한
성령 안에서 모든 것을 새롭게 하고,
예수가 하신 일보다 큰 일을 할 수도 있다. (요한 14)
예수와 통교할 때 우리 행위는
통교를 위하여
통교에서 나오고
말 또한
통교의 침묵에서 나와
사랑의 침묵으로 들어간다.
남들의 삶에 뿌리가 되어주기 위하여,
남들에게 목숨을 내어주기 위하여,
우리는 그리스도의 가슴에서 나오는
그분의 생명을 먹어야 한다.

"아버지께서 나를 사랑하신 것처럼
나도 너희를 사랑해왔다.
그러니 너희는 언제나
내 사랑 안에 머물러 있어라.
내가 내 아버지의 계명을 지켜
그 사랑 안에 머물러 있듯이

너희도 내 계명을 지키면
내 사랑 안에 머물러 있게 될 것이다."(요한 15)

"목마른 사람은 다 나에게 와서 마셔라.
나를 믿는 사람은 성서의 말씀대로
그 속에서 샘솟는 물이
강물처럼 흘러나올 것이다."(요한 7)

이것은 예수께서 사마리아 여인에게 주신 마지막 계시다.

"내가 주는 물을 마시는 사람은
영원히 목마르지 않을 것이다.
내가 주는 물은 그 사람 속에서
샘물처럼 솟아올라
영원히 살게 할 것이다."(요한 4)

예수 안에서 변화된 우리는
서로의 가슴에 감추어진
생명의 샘물을 마셔야 한다.

묵시록에서 요한은 그리스도를 통하여

인류, 교회, 구원받은 모든 이들과 통고하시는
성삼위의 빛나는 생명을 환상으로 본다.

“기뻐하고 즐거워하며 하느님께 영광을 드리자.
어린 양의 혼인 날이 되었다.
그분의 신부는 몸단장을 끝냈고
하느님의 허락으로
빛나고 깨끗한 모시옷을 입게 되었다.
어린 양의 혼인잔치에 초대받은 사람은 행복하다.”(묵시록 19)

“나는 또 거룩한 도성 새 예루살렘이
신랑을 맞을 신부가 단장한 것처럼 차리고
하느님께서 계시는 하늘로부터
내려오는 것을 보았습니다.
그때 나는 옥좌로부터 울려 나오는
큰 음성을 들었습니다.
‘이제 하느님의 집은 사람들이 사는 곳에 있다.
하느님은 사람들과 함께 계시고
사람들은 하느님의 백성이 될 것이다.
하느님께서는 친히 그들과 함께 계시고
그들의 하느님이 되셔서
그들의 눈에서 모든 눈물을 씻어주실 것이다.
이제는 죽음이 없고

슬픔도
울부짖음도
고통도 없을 것이다.
이전 것들이 다 사라져버렸기 때문이다.'"(묵시록 21)

"일곱 천사 중 하나가 나에게 와서
'이리 오너라.
어린 양의 아내인 그 신부를
너에게 보여주겠다' 하고 말했습니다."(묵시록 21)

이것이 온 인류가 영광 가운데,
사랑과 성삼위의 생명 안에서 참여하게 되는
만물의 마지막 목적이다.
우리 모두가 초대받은 하늘나라 혼인잔치다.

요한은 예수를 신랑이라고 불렀다.
신랑 예수는
하느님의 약속을 이루러 오신 분,
이스라엘의 신랑,
신부를 만족시키러 오는 연인이시다.
예수는 하느님 나라를

혼인잔치와 같다고,(마태오 22)
가난하고 약한 이들이 특별손님으로 대접받는
혼인잔치와 같다고 하신다.

가나 마을 혼인잔치에서 예수는
마리아의 부추김을 받아
물을 포도주로 바꾸는 기적을 일으키셨다.(요한 2)
요한은 그것이 예수의 "첫 번째 표적"이었다고 말한다.
'첫 번째'라는 뜻의 희랍어 '아르케'는
시간상으로 첫 번째를 의미할 뿐 아니라
내용과 가치에 있어서 첫 번째를 의미하기도 한다.
그러므로 '첫 번째 표적'이란 말은
우리가 '원형(原型, archetype)'이라고 말할 때처럼
'원표적(archsign)'이라고 번역할 수 있다.
우리는 포도주로 바뀐 물처럼 변화되리라는,
그리하여 복되신 성삼위의
사랑과 일치와 영광의 축제에 동참하라는 부름을 받았다.
멀리 서서 바라보는 구경꾼이나
이리저리 다니며 셔터를 누르는 카메라맨이 아니라
신랑과 신부로서 황홀한 선물을 주고받으며
사랑과 생명의 기쁨을 함께 누리라는 부름을 받은 것이다.

맨 처음에 성삼위 하느님의 혼인잔치가 있다.

맨 나중에 성삼위 하느님의 혼인잔치가 있다.

종말의 날에 인류는
전쟁과 천재지변으로 부서지고 깨어진 세상에서,
도덕과 종교마저 병들어
외로움,
고뇌,
사랑과 교제에 대한 좌절의 구렁에 빠져
울부짖을 것이다.

아니면
어리석음과 폭력으로 어질러진
세계와 함께 자멸할 것이다.

그때 사람의 아들이 구름을 밟고 돌아와
인간들의 깊은 부르짖음에 응답하실 것이다.
깨어지고 어지러운 세상의 무서운 균열들을 통과하여
천진난만한 아이로,
연인으로,
예수가 나타나시어,
이른 아침 어둠을 뚫고 솟아나는 태양처럼
모든 사람을 사랑의 품으로 안아주실 것이다.
성경에 따르면,

인류의 마지막 부르짖음은 이것이다.

성령과 신부가 외친다.
"오소서!"(묵시록 22)

사랑에 상처 입은 신부가,
사랑으로 괴로워하는 그녀의 곰이,
사랑하는 연인,
신랑의 사랑을 받고
그에게 자기를 내어주고자
그의 도래를 목마르게 호소한다.

"오소서."
"오소서, 주 예수여, 어서 으소서."

여기서 우리는
'사람의 몸으로 되신 말씀'의 궁극적 의미에 접한다.
사랑을 호소하고
사랑을 전달하는 것은
바로 우리의 나약하고 상처 입기 쉬운 육신이다.

말씀이 사람 몸으로 되고
스스로 나약해져서
바로 그 약하고 부서진 몸이 우리에게
사랑과 영원한 생명을 주고
우리 모두를 먹여 살리게 되었다.
인간의 나약함을,
수치스런 무엇에서 하나의 선물로,
거룩한 교제와 자비로운 깨어남에로의 부름으로,
빛을 뿜어내는 열린 가슴으로 바꾸기 위하여
예수께서 오셨다.
인간의 약한 육신을 성사(聖事)로,
하느님이 거하시는 성소(聖所)로 바꾸기 위하여 오셨다.

사람 몸으로 되신 말씀이
인간의 몸에 담긴 신비와 의미를 드러내신다.
사람 몸으로 되신 말씀에 의하여
깨끗해지고
치유되고
위로 들어올려진
남자와 여자의 몸은
사랑과 자비의 완전하고 놀라운 도구로,
성삼위 하느님의 중심에서 흐르는
사랑과 계시의 채널로 창조된 것이다.

우리 몸은 이 세상과 물질과
온갖 유한한 것들로부터 멀리 떨어져 계시는
하느님과 접하기를 갈망하는
마음과 영혼의 고통스런 감옥이 아니다.
우리 몸은
우리 자신의 아름다움,
매혹적인 아름다움을 감상하기 위한 것도 아니다.
우리 몸은
왔다가 새로운 허탈을 남기고 사라지는
자신의 쾌락과 흥분을 맛보기 위한 것도 아니다.
우리 몸은
전쟁과 수탈로 이어지는 생존경쟁에서
자신의 능력과 우월함을 증명하기 위한 것도 아니다.
그렇다, 우리 몸은
그 모든 아름다움과 가능성을 온전하게 펼치자고 있는 것이다.
그러나 개인의 영광과 권력을 위해서
또는 어느 특별한 단체의 이익을 위해서
그 아름다움과 가능성을 펼치는 건 아니다.
우리 몸은
모든 인간의 가슴을 통교와 신뢰,
진실과 친절 안에서
서로 통하여 하나 되도록 끌어당기는
몸이 되신 말씀에 그 뿌리를 내린,

자기를 선물로 내어줌으로써 이루어지는
거룩한 교제와
만인의 하나 됨을 위해서 있는 것이다.

사람의 몸은 본디 하느님의 거처로 지어졌고
하느님의 거룩한 집으로 사용되었다.
예수의 몸은 하느님의 성전이다.
우리 몸 또한 하느님의 성전이다.
이 성전에서 생명의 물이 흘러나와
모든 사람을 먹이고 치유하면서
하느님의 사랑과 자비를 보여준다.
몸으로 되신 말씀에 의하여
새로워진 우리 몸은
사람들에게로 흐르는 하느님 사랑의
온유한 도구가 된다.
그때 우리 몸은
몸이 되신 말씀과 아버지 사이의 교제를
더 이상 가로막지 않는다.
마리아에게 그러했듯이
그리스도의 몸과 그분의 사람됨은
그것을 통하여
그것 안에서
우리가 하느님을 만나는 통로가 된다.

우리는 초월자이신 하느님을 만나기 위하여
그리스도의 육신을 떠나라는 명령을 받지 않았다.
오히려 그리스도의 몸을 하느님의 몸으로,
그분의 육신을
인간의 몸에 새 의미를 안겨주는
성사(聖事)로 발견하고, 그 안에서 살아야 한다.
그리스도의 몸은 성령의 일치 안에서
아버지와 아들이 서로 나누시는
성삼위의 영원한 사랑을 우리에게 보여준다.

우리 몸은 침묵과 사랑 속에서 잉태되고,
어머니와 우리의 첫 관계는
육신의 나약함과 어루만짐을 통해서
이루어지는 사랑의 교제다.
우리는 성장하고 성숙하고 능력을 갖추어
평화와 정의를 위해 싸우라는 부름을 받았다.
그러나 마침내는
거룩한 교제의 축제와 안식을 위하여
자신을 선물로 내어놓아야 한다.

맨 처음에 통교가 있다.
맨 나중에 통교가 있다.

맨 처음에 축제가 있다.
맨 나중에 축제가 있다.
거기에서 사랑으로 우리 자신을 내어주는!

책으로 펴내기 위하여 번역된 원고를 다시 한 번 읽는 동안, 나는 이토록 보람찬 일에 참여하게 된 사실을 감사하지 않을 수 없었다.

장 바니에, 이 사람이야말로 자기가 그리스도이신 예수의 지체임을 몸으로 깨친 천재임이 분명하다. 그의 삶 자체가, 간디의 말대로, 예수가 세상에 펼치신 가르침의 진위(眞僞)를 밝히는 하나의 실험이었고 그 실험 결과는 예수와 그의 가르침이 과연 옳다는 것이었다.

내게도 예수와 그의 가르침은, 나의 삶으로 직접 실험하여 그 진위를 가려내야 하는 하나의 명제였다. 돌이켜보면 한때 예수라는 이름으로 지중해 부근에 존재하였다는 ‘그 사람’에 관련된 정보들(주로 복음서에 기록된)이 과연 진실인지 아니면 누군가가 만들어낸 픽션인지 그것을 먼저 알아야겠다는 욕망에서 비롯된 일종의 실험이 지난날의 내 삶이었다고 말할 수 있겠다.

철부지 아이가 어머니를 통해서 알게 된 예수라는 존재가 어느 날 그에게 외면할 수 없는 아름답고 험준한 고개로 다가왔고, 그 고개를 넘으면 해방과 자유와 평화를 맛보게 된다는 약속이 진짜인지를 직접 알아봐야만 했다.

그런데 그 약속이 진짜인지 가짜인지를 알아보는 방법이, "이 고개를 내가 일러주는 대로 넘으면"이라는 그분의 가르침을 따라서 그대로 해보는 수밖에, 다른 방법이 없었다. 그것은 어느 성경 박사의 정연한 논술이나 해설 정도로 채워질 갈증이 아니었다. 내가 실제로, 이 몸으로, 먹어보지 않고서는 알 수 없는 찌개 맛과 같은 것이었다.

나에게 예수는 그의 가르침이나 말을 무턱대고 믿어야 할 신앙의 대상이 아니라, 그가 가르친 대로 살아봐서 그의 진실이 저절로 믿어져 영원한 스승으로 모시거나 아니면 도저히 믿어지지 않는 까닭에 포기하고 등져야 하는 그런 존재였다.

장 바니에가 내게 이토록 절친하게 다가오는 이유도 머리 아닌 몸으로, 논리 아닌 삶으로, 예수와 그의 가르침이 진실임을 입증해 보이려는 기본 자세 때문일 것이다.

아울러, 복음서에 기록된 내용을 어떻게든지 왜곡 훼손하지 않으려는 그의 소박하고 겸손한 노력 또한 나로 하여금 그를 신뢰하지 않을 수 없게 만든다.

그의 예수 이야기를 옮겨서 책으로 펴내는 일에 한몫하다니, 이런 행운이 없다.

만사가 경제 중심으로 돌아가는 이상한 세상에서 그래도 근 전보다 책의 내용을 먼저 근심하는 착한 출판사 '나무생각'의 한순 선생께 독자 제위와 함께 감사한다.

2013. 1. 3.

곤옥

지은이 **장 바니에** Jean Vanier

가톨릭 철학자·신학자이며, 지적장애인들과 그들을 돕는 이들이 삶을 나누는 '라르슈(L'Arche)' 공동체의 설립자이다. 가톨릭과 개신교, 그리스도인과 비그리스도인의 경계를 뛰어넘어 많은 이들의 존경을 받는 장 바니에는 1928년 캐나다 총독 조지 바니에의 아들로 태어났다. 1964년 토머스 필리페 신부를 통해 지적장애를 지닌 두 남자, 라파엘과 필리페를 만나게 된 그는 삭막한 수용시설에 갇혀 생활하는 지적장애인의 현실에 눈을 뜨고 그들을 데려가 프랑스 트로슬리-브뢰유의 작은 집에서 함께 생활했다. 이것이 라르슈의 시작이다. 프랑스어로 '방주'라는 뜻의 라르슈 공동체는 현재 전 세계에 150여 개의 커뮤니티가 있는 국제적인 기구로 성장했다. 또한 1971년 마리 엘렌 마티유와 함께 지적장애를 가진 이들과 그 부모, 친구들이 함께하는 공동체 운동인 '믿음과 빛(Faith and Light)'을 설립했다. 국내에 소개된 저서로 《인간 되기》《내가 너희에게 한 것처럼》《희망의 사람들 라르슈》 등이 있다.

옮긴이 **이현주**

1944년 충주에서 태어났고, 감리교신학대학교를 졸업했다. 목사, 동화 작가, 번역가이기도 한 그는 동서양을 아우르는 글들을 집필하고 강의도 하고 있다. 《바보 온달》《콩알 하나에 무엇이 들었을까?》《육촌 형》 등의 동화와 《대학 중용 읽기》《길에서 주운 생각들》《기독교인이 읽는 금강경》《이아무개의 장자 산책》《예수의 죽음》《지금도 쓸쓸하냐》《사랑 안에서 길을 잃어라》《이현주 목사의 꿈 일기》《보는 것마다 당신》 등을 썼으며, 무위당 장일순 성생의 《노자 이야기》가 세상에 나오는 데 산파역을 맡았다. 역서로는 《티베트 명상법》《배움의 도》《바가바드 기타》《예언자들》 외 다수가 있다.

장 바니에의 시보다 아름다운 예수전

초판 1쇄 인쇄 2013년 1월 21일 **초판 1쇄 발행** 2013년 2월 1일
지은이 장 바니에 **옮긴이** 이현주 **펴낸이** 한 순 이희섭 **펴낸곳** 나무생각 **편집** 김소라 **디자인** 이은아 **마케팅** 이재석 **출판등록** 1998년 4월 14일 제13-529호 **주소** 서울특별시 마포구 서교동 475-39 1F **전화** 02) 334-3339, 3308, 3361 **팩스** 02) 334-3318 **트위터 ID** @namubook **이메일** tree3339@hanmail.net **홈페이지** www.namubook.co.kr
ISBN 978-89-5937-312-3 03230 값은 뒤표지에 있습니다. 잘못된 책은 바꿔 드립니다.